JN437638

러시아 추콧카반도 원주민

축치족 신화

[한국외국어대학교 러시아연구소 HK 연구사업단 인문공간번역총서 01]

러시아 추콧카반도 원주민

축치족 신화

| 김민수 · 김연수 옮김 |

HU:iNE

차례

: 축치 이야기

역자 서문

이 책은 저자인 보고라스가 1900-1901년 추콧카반도 태평양 연안의 여러 마을에서 직접 축치어로 채록하여 영어로 번역, 출판한 The Jesub North Pacipic Expedition. Vol. VIII, Part I. "Chkchee Mythology"(New York, 1910)를 국역한 것이며, 번역 과정에서 축치어의 영어 음성표기 구조를 제시한 '축치 텍스트' 부분 저자 서문(Introduction)은 생략했음을 밝혀둔다.

이 책의 저자인 블라디미르 보고라스(Владимир Богораз, Waldemar Bogoras, 1865~1936)는 러시아 태생으로, 페테르부르크 대학교 재학 중 반정부 활동에 참여한 죄로 1889년부터 10년 간 러시아 북동지역 스레드네콜리마로 유형에 처해졌으며, 그곳에서 민속학을 연구하기 시작했다. 그런데 연구 성과가 뛰어나 러시아 과학아카데미 축치족 탐사대에 포함되어 1895-1897년에 축치족과 함께 생활하며 연구를 지속했다. 그 후 러시아 과학아카데미의 청원 및 추천으로 조기에 유형을 마쳤고, 1899년부터 미국 자연사박물관에 초청되어 프란츠 보아스가 이끄는 제섭 탐사대 일원으로 태평양 북부 연안에서 민속학, 문화인류학, 고대사 연구를 수행했다. 그리고 1901년부터 1904년까지는 미국 자연사박물관의 큐레이터로 일하기도 했다. 본 번역서의 저본은 바로 그 시기에 영문으로 출판되었다.

이 책에 수록된 신화와 민담의 주인인 축치족은 러시아 북동부 추콧카반도의 원주민으로 2010년 기준 인구 15,900명의 소수민족이다. 이들은 전통적으로 툰드라에서 순록을 유목하는 그룹과 개 사육 및 해양 동물 사냥을 생업으로 하는 해안 정주 그룹으로 나누어진다. 순록 유목 그룹은 스스로를 '순록을 많이 가진 사람'이라는 의미의 '차우추'라고 불렀고, 해안 정주 그룹은 '바다 사람'이라는 의미의 '안칼른'이라고 불렀다. '축치'라는 민족 명칭은 주변 민족들이 그들을 부르던 '차우추'라는 명칭에서 기원된 것이고, 축치족은 스스로를 '진정한 사람'이라는 뜻의 '리그오 라베틀란'이라 불렀기에 1920년대 까지 러시아 공식문서에는 '라우라베틀란'이라고 기록되었다.

축치족의 언어는 코랴크어, 이텔멘어 등과 함께 고아시아어족 추콧카-캄차카 그룹에 속하며, 코랴크족, 이텔멘족 등과 문화적인 면에서도 많은 공통점이 있다. 따라서 그들을 통칭하여 '고아시아족'이라 부르기도 한다.

여기 소개된 축치족의 신화와 민담은 우리 독자들에게 다분히 비논리적이고 낯설게 느껴질 수 있다. 구조적인 면에서는 오랜 세월에 걸쳐 구전되던 것을 보고라스가 20세기 초에 직접 채록한 것이라는 점을 염두에 둔다면 어느 정도 이해가 될 것이라고 생각하며, 내용면에서는 타민족의 신화나 민담을 이해하기 위해서는 그 민족에 대한 기본 지식이 필요한데, 국내에 축치족에 대해 별로 알려진 것이 없는 바, 이 책과 더불어 "축치족: 신앙"(지만지, 2012)을 읽어볼 것을 권한다.

최근 국내에 시베리아에 대한 관심이 고조되고 있는 상황이지만, 천연자원과 철도에 관심이 집중되고 우리 민족과 역사, 문화적인 연관성이 있는 시베리아 원주민족들을 소개하는 서적은 아직 그리 많지 않은 상황이다. 따라서 이 책은 한국외대 러시아연구소 HK사업단의 연구 아젠다인 '러시아연방 인문공간 연구'(NRF-2009-362-B00005)의 일환으로 번역되어 축치족 소개에 일조한다는 의미를 가진다.

끝으로 이 책을 출판하는데 정성을 다해주신 한국외대 지식출판원에 감사드린다.

역자 김 민수, 김 연수

축치 텍스트

Chukchee Mythology

I

신화와 설화

1. 아이완 샤먼들

옛날에 아이완 사람들과 세인트로렌스 섬사람들이 전쟁 중이었다. 이 해안의 주민 한 사람이 바람 때문에 불행을 만났다. 그는 두 달 동안 유빙을 타고 떠다니며 살았다. 그러던 어느 날 안개가 자욱해 아무런 땅도 보이지 않았는데, 어디선가 바다코끼리의 울음소리가 들렸다. 그는 외투 속에 머리를 집어넣은 채 가만히 있었다. 그 때 한 샤먼이 얼음 위에서 자고 있는 그를 발견하고 깨웠다.

"이봐요. 여기 사람이 있다니, 정말 놀랍군요."

그는 위를 쳐다보고는 소리 내 울었다. 그러자 샤먼이 말했다.

"울지 마시오. 아주 가까이에 마을이 있어요. 세인트로렌스 섬사람들이 사는 곳이기는 하지만요."

갑자기 그 마을이 보였다. 그들은 해변으로 올라갔다. 거기에는 집이 많았다. 사람들은 새의 가죽으로 만든 옷을 입고 있었다. 세인트로렌스 섬사람들도 아이완족으로 언어가 같았다. 그들은 이 낯선 두 사람을 포로로 잡아 샤먼은 결박하고 다른 한 사람은 송곳으로 머리

정수리에 구멍을 뚫어 죽였다. 그리고는 샤먼을 노예로 부리려고 풀어 놓았다.

샤먼은 거기에서 하루 밤을 보냈다. 사람들이 잠들자, 그는 밖으로 나가 바다를 향해 큰 소리로 바다코끼리 정령을 불렀다. 그러자 곧 멀리에서 바다코끼리들이 왔다. 오, 바다코끼리가 왔다. 그것들은 모래알처럼 많은 수였다. 그는 바다코끼리들의 머리 위를 걸어서 그곳을 벗어갔다. 그러자 그가 지나온 바다코끼리들 가운데 한마리가 앞으로 나왔다. 늙은 수컷 바다코끼리였다.

"우리는 지금 육지 가까이에 있다. 그래서 사람들이 우리를 쫓으려 하고 있고, 우리들 중 몇몇은 도망가고 있다. 저 사람들은 나쁜 사람들인 것 같다."

그리고는 두 살 배기 바다코끼리 두 마리에게 말했다.

"우리가 손님을 데려 가자."

그러자 그 둘 중 한 마리가 샤먼을 몸 위에 태우고 힘차게 헤엄쳐 나갔다. 가장 영리한 그 늙은 바다코끼리는 (지도자처럼) 그 뒤를 따라갔다. 한 마리가 지치자 샤먼을 다른 바다코끼리 등에 태웠다.

밤이 되었을 때, 그들은 유빙을 발견했다. 늙은 바다코끼리가 말했다.

"모두들 지쳤다. 저 사람이 잘 수 있도록 해라."

그들은 샤먼을 유빙 위에 내려놓았다. 늙은 바다코끼리가 그에게 말했다.

"당신은 얼음 위에서 자시오. 우리는 당신 옆 물 위에서 잘 것이오."

바다코끼리들이 목구멍 위의 기관을 부풀리자 그들은 공기주머니처럼 물 위에 떠있게 되었다. 때가 되자 늙은 바다코끼리가 깨우며 말했다.

"자 이제 떠나도록 합시다. 그런데 당신은 배가 고플 것이오."

그가 대답했다.

"예. 그렇습니다."

아직 어두웠다. 늙은 바다코끼리는 바다 밑으로 잠수해 들어가 마치 [움직이지 않는 별] 북극성 같은 그 무엇인가를 발견했다. 그것은 조개였다. 그 사람은 그 조개들을 먹었다. 그것은 매우 따뜻했고 뜨겁기까지 했다. 아마 바다코끼리가 몰래 그것을 요리했기에 뜨거웠을 것이다.

그들은 다시 출발하여 한밤이 될 때까지 계속 이동했다. 늙은 바다코끼리가 말했다.

"육지가 가까워지고 있소."

그들은 계속 갔고, 육지에 닿기 전에 새벽이 왔다. 바다코끼리가 그에게 말했다.

"당신은 또 배가 고플 것이오."

"예, 그래요."

바다코끼리는 다시 물속으로 내려갔다. 이번에는 가늘고 긴 모양의 조개를 조금 가져왔다 샤먼은 그것을 먹었다. 바다코끼리가 말했다.

"이제 우리는 당신을 떠날 것이오. 작은 유빙이라도 보이면 우리는 당신을 그 위에 내려줄 것이오."

유빙이 하나 보였다. 그들은 그를 얼음 위에 내려주었다. 바다코끼리가 그에게 말했다.

"아침이 되면 사람들이 이곳으로 올 거요. 우리는 벌써 걱정이 됩니다."

"오, 이럴 수가. 여러분은 나만 혼자 두고 떠나는군요."

"사람들이 틀림없이 올 것이오. 잠이 몰려오면 잠에 빠지기 전에 바다코끼리처럼 우는 소리를 내시오."

그리고 바다코끼리들은 물에 몸을 던져 헤엄쳐 갔다. 그들은 가버렸다. 바다 저 멀리. 곧 그는 잠이 밀려왔다. 그래서 바다코끼리처럼 우는 소리를 냈다. 그러자 그는 즉시 바다코끼리로 변했다.

새벽이 오자 사람들이 배를 타고 나타났고 그가 있는 쪽으로 오기 시작했다. 그들이 아주 가까이 오기 전에 그는 잠에서 깼다. 그리고 사수가 작살을 던지려는 바로 그 때, 그가 말했다.

"이봐요, 당신 나한테 무슨 짓을 하려는 거요?"

"이런! 놀라라! 당신은 바다코끼리였어요. 그래서 당신을 잡으려고 왔소. 그런데 당신은 어디서 왔습니까?"

"사람들의 마을에서 왔어요. 그러나 내 친구는 나와 함께 있지 않아요. 그 사람들은 나쁜 자들이오. 그들이 내 친구의 머리를 뚫어 죽였어요."

그는 집으로 들어갔다.

"무슨 소식인가요?"

"정말 안됐어요. 그 사람들은 나쁜 놈들이요."

•••

여름이 왔다. 그들은 전쟁을 하러 나갔다. 웅이사크와 이웃 모든 마을 사람들이 배를 많이 모았다. 큰 무리의 배가 출발했다. 모든 배가 (병사들로) 너무 무거웠다. 가까워지자 바닷가에 세워진 세인트로렌스 사람들의 집이 보였다.

집 뒤쪽은 세인트로렌스 만이었다. 배를 타고 온 사람들 대부분이 그곳으로 상륙했다. 그들은 섬사람들의 눈에 띄지 않게 안개를 틈타 뒤에서 다가갔다. 그들 중의 한 노인이 말했다.

"자, 늑대처럼 부르짖어라!"

세인트로렌스 사람들에게는 그들이 보이지 않았다. 상상조차 할 수 없었다. 그들이 부르짖는 소리를 내자, 세인트로렌스 섬의 한 노인이 말했다.

"지금 그들이 오고 있다."

그러나 젊은 사람들은 말했다.

"바다코끼리가 으르렁거리는 것 같은데요."

그때 배를 타고 온 노인이 다시 말했다.

"네놈들, 어디에 있는 거냐? 이제 저들은 우리 사냥감이다."

세인트로렌스 사람들은 집 뒤쪽에서 상륙한 더 많은 사람들을 아직 눈치 채지 못했다. 세인트로렌스 섬사람들은 해안 옆에 숨었다. 그러나 배에서 내린 사람들이 뒤에서 그들을 공격해서 죽였다. 세인트로렌스 여자들은 너무 무서워서 숨이 막힐 것 같았다. 그와 동시에 승리자들은 음식을 준비하며 부엌칼로 많은 양의 바다코끼리 지방을 잘게 다지고 있었다. 실로 대단한 도축이었다. 많은 세인트로렌스 여자들을 배에 태워 이쪽으로 데려왔다.

•••

몇 년이 지났다. 4년째 되던 해에 세인트로렌스 사람들이 전쟁에 나갔다. 그들은 밤중에 상륙해서 자고 있는 사람들을 발견했다. 밖에서 침실을 빙 둘러 외부천막 덮게 아래로 창을 찔러 넣어 잠자는 사람들을 찔러 죽이기 시작했다. 그들이 잠자는 사람들을 죽이고 나서 다른 집으로 가기 전에 어린 고아 아이 하나가 집 근처 어딘가에 숨었다. 그는 이웃을 모두 깨웠다. 그들이 달려 나왔다. 그러자 세인트로렌스 섬사람들은 바다로 달아났다. 두 사람이 뒤쳐져 얼음 유빙 위에 남게 되었다.

그들은 얼음 유빙 위에서 지냈다. 세찬 가을바람이 불기 시작할 무렵, 그들은 고기를 훔치러 왔다가 잡혔다.

"우리는 당신들을 죽이지 않을 거야."

그러나 그들은 그 말을 귀담아 듣지 않고 밀치고 도망갔다. 다음날 밤 그들은 따뜻한 옷을 약간 훔쳐서 다시 떠났다. 그들은 함께 바다 얼음 위로 도망갔다. 그들은 새로 언 얼음 위를 따라 걸어갔다. 그 얼음은 소금이었고 한 걸음씩 걸을 때마다 움푹움푹 들어갔다.

그들은 해안으로 갔다. 세인트로렌스의 노인이 그들에게 물었다.

"육지 사람들은 어떤가?"

"아주 좋은 사람들이에요."

노인이 말했다.

"이제 서로 친하게 지내도록 해라."

•••

다시 여름이 왔다.

"이제 사람들을 보내자."

세인트로렌스섬 사람들이 이쪽으로 왔다. 그들은 나무 그릇과 바다코끼리 가죽과 많은 것들을 가져왔다. 그들은 친구가 되었다. 그들은 그릇을 사람들에게 나누어주었다. 이편의 한 노인이 말했다.

"당신들은 답례 선물로 무엇을 주겠소?"

방문객들은 새의 가죽으로 만든 옷을 입고 있었다. 방문객들이 물었다.

"이건 무슨 가죽이요?"

"순록 가죽이오."

"순록이 뭐요?"

그들은 순록 주둥이를 보여주었다. 그것을 보더니 그들이 말했다.

"이것은 마치 (바다코끼리 가죽으로 만든) 배 덮개의 구멍 같아요.[1] 이제 고기를 좀 드시오."

---

1) 눈구멍과 콧구멍이 있는 순록의 머리 가죽은 가죽배를 덮는, 가장자리를 따라 구멍이 나있는 바다코끼리 가죽과 비슷하다.

그들은 기름진 고기를 요리했다.

"오, 마치 고래 등 지방 같군요! 아주 좋아요."

그들은 그것을 먹었다.

그 후 그들이 떠났다. 한 사람이 남겨졌는데, 그는 샤먼이었다. 그는 앞서 말한 사람처럼 다루어졌다(즉 결박당했다). 겨울이 오자 그들은 그를 풀어주었다. 그 샤먼은 썰매가 있었다. 그는 밤에 떠났다. 그는 바다코끼리 지방을 실은 썰매를 끌고 갔다. 그는 지칠 때까지 계속 갔다. 보름달이었다. 그 때 서쪽 나라에서 온 다른 샤먼이 그를 뒤쫓아 왔다. 그 샤먼도 썰매를 끌고 있었다. 앞서 가던 샤먼은 위쪽에서 소리가 나는 것만을 들을 수 있었다. 서쪽의 샤먼은 날아가고 있었던 것이다. 그는 양옆에 긴 칼을 가지고 있었는데, 그것을 날개처럼 사용했다.

썰매를 끌고 가던 세인트로렌스 샤먼은 깜짝 놀라 달아났다. 서쪽의 샤먼이 그를 따라잡으면, 그 즉시 그는 또 썰매를 타고 도망갔다. 서쪽 샤먼이 계속 그를 뒤쫓아 왔다. 세인트로렌스 샤먼은 따라잡히기 전에 땅속으로 뛰어들었다. 땅 위에는 썰매만 남아있었다. 그래서 서쪽 샤먼은 더 이상 쫓아갈 수 없었다.

서쪽 샤먼이 앉아서 땅 속을 향해 말했다. 그 샤먼의 이름은 켐네쿠였다.[2)]

"그럴만한 이유가 있어요. 나는 당신을 정말 보고 싶어요. 어느 나라에서 왔던 지간에 나를 무찌를 수 있는 샤먼은 없어요. 그런데 당신은 나를 두렵게 해요. 나는 당신이 켈레라고 생각했어요. 이제 여기로 오세요."

세인트로렌스 샤먼이 나타났다. 서쪽 샤먼이 말했다.

"나에게 당신의 목걸이를 주시요. 대신 나는 당신에게 이 칼을 주

---

2) 이 부분은 분명하지 않다. 이야기를 해 준 사람이 샤먼의 이름이 무엇이었는지 정확하게 알지 못했다.

겠소."

"싫소. 나는 이것을 당신에게 주고 싶지 않소."

"그러면 사람들이 내 말을 믿지 않을 것이오. 부탁이오. 그것을 나에게 주시오."

"싫소, 주지 않겠소."

"그러면 내가 당신에게 이 큰 칼을 주겠소. 부탁이니 당신의 목걸이를 나에게 주시오."

그들은 보조령을 교환했다. 세인트로렌스 샤먼은 목걸이를 주었고, 서쪽 샤먼은 칼을 주었다. 서쪽 샤먼이 말했다.

"이제 칼들을 가지고 움직여 보시오."

세인트로렌스 샤먼이 그렇게 위로 올라갔다. 그리고 그들의 몸마저 바꾼 후에 그가 말했다.

"이제 목걸이를 목에 거시오. 내가 했던 것처럼 뛰어 올라 보시오. 당신은 뛰어 올랐다가 내려와서 땅속으로 들어가게 될 것이오."

서쪽 샤먼이 뛰어 올랐다. 그 다음 천천히 움직여 아래로 내려와 땅속으로 재빨리 파고 들어갔다. 그러나 그의 몸 중간쯤에서 끼여 꼼짝할 수가 없게 되었다.

"못하겠소. 나에게 당신의 팔찌를 주시오."

"싫소. 주지 않겠소."

"그럼 내가 당신에게 내 등에 있는 술 장식을 주겠소. 이것은 나의 꼬리인데 움직일 때 나의 안내자가 되지요."

그들은 동의했다. 서쪽의 샤먼은 술 장식을 준 후 그에게 말했다.

"그럼 이제 내가 했던 대로 날아올라보시오."

그는 스스로 날아올라 덜거덕 소리를 내며 올라갔다. 세인트로렌스 샤먼이 말했다.

"이제 당신 차례요."

그는 그에게 팔찌를 주었다.

"당신은 뛰어 올랐다가 다시 아래로 내려와 땅속으로 파고 들어갈 것이오."

서쪽의 샤먼이 뛰어 올랐다. 천천히 움직여 아래로 내려왔다. 그다음 땅속으로 파고 들어가 마치 물속처럼 땅속에 잠겼다. 잠시 후 그가 다시 나타났다. 그는 말했다.

"오오, 켐네쿠는 정말 굉장해. 이제 어떡하죠? 나는 그를 쫓아갈 수가 없어요. 내가 마음속에 이런 생각을 하기 전까지는 그 누구도 나를 따라잡을 수가 없었어요. 오, 정말, 켐네쿠는 굉장해요. 이제 어떡하죠? 당신이 나를 이겼어요. 우리 떠납시다."

서쪽의 샤먼이 날아올랐다. 그들은 밤에 여행을 했다. 하룻밤에 온 땅을 날아서 여행했다. 켐네쿠가 말했다.

"이제 나는 가겠소."

서쪽 샤먼이 집에 돌아왔다. 그가 친구들에게 말했다.

"내가 세인트로렌스 섬 출신의 한 샤먼을 봤는데, 나는 그를 따라갈 수 없었어."

"거짓말!"

"정말, 사실이야."

"그가 어떤 샤먼이었는데?

그는 목걸이를 보여주었다.

"이것이 그의 목걸이야."

"거짓말하는 거지? 어디에선가 훔친 거지?"

"정말 아냐!"

"그럼, 그가 어떤 샤먼이었는데?"

그는 쉽게 솟아올랐다가 땅으로 내려와 마치 물 인양 땅속으로 파고 들어갔다. 친구들이 말했다.

"오, 네가 새로운 샤먼 능력을 얻었구나."

그의 아버지가 그에게 말했다.

"그럼 이제 우리에게 정말 새로운 샤먼 능력을 얻었는지 보여줘. 가서 아이들의 죽음을 찾아라."

그는 밤마다 날아다니며 모든 종류의 존재들을 찾아 여행했다. 아무 것도 없었다. 그는 집으로 돌아왔다. 아버지가 그에게 말했다.

"너한테 무슨 문제가 있는 것이냐? 늦었구나. 사람들에게 거짓말을 했구나."

그는 다시 떠났다. 이번에는 땅속으로 갔다. 그가 돌아와서 말했다.

"찾지 못했어요."

그의 아버지가 그에게 말했다.

"무슨 문제가 있는 거냐?"

그의 아들, 즉 서쪽의 샤먼이 아버지에게 말했다.

"어느 존재에서도 그를 찾을 수 없었어요."

그는 어둠의 존재에게 갔다. 드디어 그는 한 사람, 단순한 입을 보았다. 이것이 아이들의 죽음이었다. 어둠이 그에게 물었다.

"무엇을 원하느냐?"

"내 아버지가 나를 보내셨다. 가서 아이들의 죽음을 찾으라고 하셨다."

"그래? 무엇 때문에?"

"그냥 사람들에게 보여주기 위해서."

"좋아. 그는 내 이웃의 집에 있어."

그는 거기로 갔다. 거기에는 그 지역에 사는 한 노인이 있었다. 그는 온통 피가 말라붙어 얼룩진 단순한 입이 있었다. 샤먼이 안으로 들어갔다.

"드디어 당신을 만났군. 내 아버지가 당신을 데려오라 하신다."

"무엇 때문에?"

"아버지가 '나는 저쪽의 그 늙은 여자[3]를 보고 싶다'고 하였다."

그녀는 함께 가기를 거부했다.

"무엇 때문에?"

"그들은 단지 당신을 보고 싶어 할 뿐이야. 내 아버지가 '가서 아이들의 죽음을 찾아라!'고 하셨어."

"하지만 나는 가지 않겠어."

"함께 가줘! 그들이 내 말을 믿지 않을 거야."

그들은 동의했다. 그녀가 그에게 말했다.

"내 몸 위에 앉아라."

그리고는 그녀는 그와 함께 날아올랐다. 주위에 큰 소리가 울려 퍼졌다. 매우 시끄러웠다. 온 세상이 덜커덕거리는 소리를 내며 울렸다.

그의 아버지가 말했다.

"이건 또 무슨 일이지? 세상이 시끄러운 소리로 가득하군. 그 애가 정말 새로운 샤먼 능력을 얻은 것 같군."

올 때 그는 그녀에게 땅속으로 들어갔다가 다시 외부 천막으로 나오도록 했다.

"웬일이냐?"

"이번에는 제가 아이들의 죽음을 데려온 것 같아요."

"지금 그녀를 여기에 데려와라. 그녀를 보고 싶다."

그녀는 나무만큼 컸다. 그녀가 재빨리 작아졌다. 그는 그들에게 그녀를 보여주려고 손바닥 위에 올려놓았다. 그만큼 그녀는 작아졌다. 더 작아져서 사라지기 전에 그는 그녀에게 침을 뱉었다. 그러자 그녀는 다시 커졌다가 다시 작아졌다. 그는 그녀를 땅속으로 들어갔다가 다시 나타나게 했다. 그 다음 그녀를 다른 손에 잡았더니 그녀는 이전의 크기가 되었다.

3) 아이들의 죽음이 처음에는 남자로 불리지만, 이제는 여자로 불린다.

"바로 너로구나! 너는 자녀가 있는 모든 존재의 슬픔의 근원이다. 누군가에게 아이가 태어나서는 갑작스레 죽는다. 네가 원인이구나. 네가 아이들의 죽음이로구나. 이제 우리가 너를 묶을 것이다."

그들은 가죽 줄로 그녀를 묶었지만 그녀는 그것을 모두 끊어버렸다. 그러자 그들은 풀잎으로 그녀를 묶었다. 그녀는 밤새도록 몸부림쳤지만 풀잎이 질겨서 끊을 수가 없었다. 밤새도록 소리를 지르고 울부짖었다. 그들이 그녀에게 말했다.

"네가 전처럼 악행을 계속 하겠느냐?"

"오, 아닙니다! 이젠 아니에요. 이제부턴 그러지 않겠어요. 그만둘 거예요."

"우리가 보기에는 네가 또다시 나쁜 짓을 할 것 같다. 너는 나빠. 너는 문제의 근원이야. 너는 갓 태어난 아기들을 죽이잖아."

"아니에요! 화난 것들(사악한 마법사들)이 나에게 시킨 거예요. 이제부터는 그들의 말을 듣지 않을 거예요. 지금까지 그렇게 한 것을 후회해요. 정말이에요! 나를 풀어 주세요."

"하지만 네가 또 나쁜 짓을 할 것 같단 말이야. 좋아, 너를 놓아 주겠다."

"지금부터 나는 생명을 주는 존재로 변할 거예요. 이제 태어난 아기는 잘 자랄 것이고, 아이가 늙어서야 죽게 될 거예요."

그래서 그들은 그녀를 풀어주었다.

그녀는 떠났다. 어둠이 그녀에게 물었다.

"인간들이 너를 어떻게 대하더냐?"

"오, 그들은 나를 무자비하게 대했어. 나는 지금 후회하고 있어. 내가 화난 것들의 명령에 따라 무슨 일을 했든 지간에, 지금부터는 그들의 말을 듣지 않을거야."

어둠이 말했다.

"그것이 너의 길이야. 지금은 네가 화난 것들의 말을 듣지 않을 거라고 말하지만, 여전히 너는 거짓말을 하고 있어. 다시 배고파지면 너는 또 그들의 요구를 들어줄 거야."

그러나 화난 것들이 다시 말할 때, 그녀는 그들의 말에 주의를 기울이지 않았다. 하지만 아이들이 죽는 것이 오직 화난 것들 때문이기만 할까?

또 다시 샤먼의 아버지가 그를 보내며 말했다.

"가서 사람들을 죽이는 죽음을 찾아와라."

그는 다시 모든 존재들 사이에서 찾아보았으나 죽음을 발견하지 못했다.

"운이 좋았느냐?"

"아뇨, 아무 것도 없어요."

"오호, 나는 네가 샤먼이라고 생각했는데."

그는 다시 떠났다. 이번에는 땅속으로 돌아다녔다. 그는 또 죽음을 찾지 못하고 돌아왔다.

"무슨 좋은 소식이 있느냐?"

"아뇨, 찾지 못했어요."

"그럼 너에게 무슨 문제가 있는 것이냐?"

그는 땅속 갈라진 틈을 따라 여행하다가 이우메툰을 보았다.[4] 이우메툰은 석탄처럼 새까맣고, 한 손에 손가락이 세 개씩밖에 없었다.

"너로구나. 네가 죽음의 원천이군."

이우메툰이 말했다.

"무엇을 원하느냐?"

"너를 찾아 왔다."

"이봐, 지금 너는 나의 일에 참견하고 있어. 나를 볼 수 있는 산 존재는 없어. 그런데 지금 너는 나를 보았어. 나는 그 누구에게도 보이지

---

4) 이우메툰은 노천에 살며 땅의 갈라진 틈에 숨어 있는 악몽의 정령으로, 축치인들이 매우 무서워한다.

앉았었어."

"내 아버지가 너를 오라고 하신다."

그들은 함께 떠났다.

"무슨 좋은 소식이라도 있느냐?"

"예, 그를 데려왔어요."

"좋다. 당장 그를 데려와라."

그는 그들에게 이우메툰을 보여주었다. 이우메툰은 크기가 순록 파리만 했다.

"네 놈이 여기 있구나. 네 놈이 이우메툰이구나. 너는 아무 잘못 없는 모든 사람을 죽이지. 우리는 '놀라운 일이야. 무엇이 그를 죽인 걸까?'라고 말하지. 그런데 그게 바로 너구나."

"아니에요. 내가 아니에요."

"아냐, 바로 너야. 만약 네가 그것이 아니라면, 나는 검어지지 않겠지. 그러나 만약 네가 정말 이우메툰이라면 나는 너로 인해 검어지게 될 거야."

"아니에요. 정말이지 나는 아니에요. 나를 놓아주세요."

사실 그는 자신의 신체를 포기했다.

"이제 우리가 너를 묶을 거야."

그러는 동안 그는 사람의 피부에 접촉하게 되었다. 그와 동시에 그가 접촉한 곳이 빨개졌다가 까맣게 되었다.

"그럼 이건 뭐지? 네 놈이 정말 이우메툰이군."

"정말 아니에요."

"맞아, 너야. 너는 악마야. 문제의 근원이지. 너는 왜 사람의 일에 끼어드는 거야?"

"땅의 존재들(악령들)이 나에게 그렇게 하라고 시켰어요."

"게다가 사람이 들판에 혼자 있을 때, 너는 그를 가지고 장난을 치지. 이봐, 우리가 너를 묶어서 매달거야."

"나를 놓아주세요! 이제부터는 땅의 갈라진 틈에 제물을 바치세요. 그러고 나서 샤먼이 어떤 사람의 고통의 원인으로 나를 지목하면 그를 치료할 수 있을 거예요. 샤먼들은 인간의 모든 병의 근원을 보게 될 것이고, 피부 위에 입김을 내쉬는 것만으로도 병자를 고치게 될 거예요. 또한 샤먼이 영들에게 몸값을 지불할 때, 구슬 하나만으로도 충분한 댓가가 될 거예요. 그러나 중병일 때는 몸값으로 순록을 선물로 바치되, 잘 부서진 수컷으로 하세요. 만약 그것이 버둥거리면, 고통 받는 신체에 좋지 않아요. 또한 주문으로 고통이 완화될 거예요."

노인이 그에게 말했다.

"너는 거짓말을 하고 있어."

"아니에요. 거짓말이 아니에요. 내가 원해서 살인자가 된 게 아니에요. 땅의 존재들이 나에게 그렇게 시킨 거예요. 나를 놓아 주세요. 이제는 어린 고아가 들에 혼자 돌아다닐 때라도 그에게 손대지 않을게요. 정말이에요. 어린 고아도 들에서 안전하게 잘 수 있을 거예요.

"분명 네가 우리를 속이는 거야."

"아니에요. 정말! 나를 풀어 주세요. 이제 나는 자비로운 존재가 되어 모든 고아 아이들을 도와줄 거예요. 나는 땅의 존재들에 의해 나쁘게 되었어요. 이제부터는 땅의 존재들을 제물로 달래세요. 쇠로 만든 칼로 개를 찔러 죽여서 그 피를 땅에 뿌리세요. 내장도 바치세요. 바다의 존재들도 우호적으로 만들어야 합니다. 사람들이 사냥감을 찾지 못할 때는 씨범꼬리의 작은 뿌리 같은 것을 사용하세요. 그것을 바다에 던져요. 그러면 바다 사냥감이 다시 나타날 거예요. 모든 종류의 바다 사냥감이 잡힐 거예요. 게다가 어린 아이들에게 문제가 있는 사람은 작고 늙은 거지 노파를 샤먼으로 부르면 돼요.[5] 그 아이의 옷을 특이한 방법으로 고정시키세요. 그 옷들을 마법사에게

5) 태평양 축치족 사이에서 우아탐-예츠힌은 두 단어가 '달(月)'을 지시하지만, '거지 노파'를 의미한다.

아주 친숙하게 하세요. 마법사가 오면 작은 선물을 주세요. 그녀는 약간의 내장을 집에 가져갈 수 있어요. 그 일부는 주문의 존재들에게 주세요. 그러면 아이는 더 이상 고통 받지 않을 거예요. 제발 나를 풀어 주세요."

그들은 그를 풀어주었다. 불행하게도 그는 거짓말쟁이로 드러났다. 끝.

해양 축치족 리케우기가 들려준 이야기, 마린스키 포스트, 1900년 10월.

2. 여자와 호수의 정령[6)]

한 소녀가 아버지의 명령에 따라 결혼하는 것을 거부했다.

"넌 누구에게 시집 갈거니? 너는 남자에게 시집가는 것을 승낙하지 않는구나. 그럼 켈레에게 시집 갈거니?"

그녀는 아버지의 말을 듣지 않았다. 대신 매일 밤마다 천막 밖에서 이런 노래를 불렀다.

"오, 성기여, 호수에서 나오라!"

그리고는 집으로 들어갔다. 그녀의 아버지가 이것을 듣고 아내에게 말했다.

"여보, 우리가 저애를 시집보내려고 하니까 저애가 우리와 다투는군. 그런데 저애가 누구에게 시집간 거지? 저 애는 호수의 켈레와 결혼했어."

그들은 그녀에게 아무 말도 하지 않았다.

밤이 왔다. 그녀는 호수에 갔다. 그리고 호숫가에서 노래하기 시작했다.

"오, 성기여, 호수에서 나오라!"

그러자 호수 성기가 나타났다. 그녀는 그 위에 앉아서 스스로 그것과 성교를 했다. 그녀는 새벽에 집에 왔다.

아버지가 그녀에게 말했다.

"가서 나무를 좀 가져와라."

그녀는 아버지 말에 따라 나무를 가지러 갔다. 아버지와 어머니는 호수에 가서 그것을 이런 노래로 속였다.

"오, 성기여, 호수에서 나오라!"

---

6) 이 이야기는 미완이다. 다른 사람에게서 먼저 채록된 다음 이야기가 그것의 속편을 이루기 때문이다. 두 이야기가 한 단위를 이룬다. 그러나 후반부가 축치인들 사이에 더 대중적이고, 그래서 여러 지방에서 발견된다.

그러자 호수에서 성기가 나왔다. 그들은 그것을 붙잡아 잘라버렸다. 그렇게 그들은 그것을 죽였다.

나무를 가지러 갔던 소녀가 집에 왔다. 밤이 다가오고 있었다. 그녀는 재빨리 음식을 만들었다. 밤이 왔다. 그녀는 또 호수로 나가서 노래를 부르기 시작했다.

"오, 성기여, 호수에서 나오라!"

아무 것도 나타나지 않았다. 다시 한 번 노래했다.

"오, 성기여, 호수에서 나오라!"

그녀는 울기 시작했다.

"너무 이상해."

그리고 다시 노래했다.

"오, 성기여, 호수에서 나오라!"

아무 것도 나타나지 않았다.

그녀는 울었다. 성기를 생각하며 매우 슬퍼했다. 그녀의 부모는 몰래 지켜보고 있었다. 거기에 그것은 없었다. 그녀는 울음을 그치고 다시 노래했다.

"오, 성기여, 호수에서 나오라!"

그녀는 마치 죽은 남편을 애도하듯이 많이 울었다. 드디어 그녀가 집에 왔다. 그녀는 아무 것도 할 수 없었다. 다음날 그녀는 광야에 갔다가 해골 하나를 발견했다.

해양 축치족 코티르긴이 들려준 이야기, 미스콴 마을, 1901년 3월.

3. 소녀와 해골

옛날에 한 노인과 그의 부인이 있었다. 그의 가족은 세 명이었다. 딸이 세 번째 가족이었다. 딸은 결혼하지 않아서 남편이 없는 처녀였다. 이 딸은 자신의 침실이 있었다.

그들에게는 침실이 두 개였다. 딸의 침실은 따로 떨어져있었다. 그녀는 혼자 잤고, 부모는 함께 잤다.

어느 날 딸이 밖에 나와 주변을 돌아다니다가 황무지에 놓여있는 벌거벗은 해골을 발견했다. 그녀는 그 해골을 바지 속에 집어넣어 집으로 가져왔다. 그것은 사람의 두개골이었다. 그녀는 그것을 자신의 침실에 가져가 숨겨놓고, 가장자리에 주름을 잡은 모자를 만들어서 해골에게 씌웠다. 그리고 매일 밤 침상을 정돈하자마자 해골을 뒷벽 근처에 놓아두고 그것을 보고 웃었다. 그러자 그 벌거벗은 해골도 약간 웃었다. 그녀의 어머니가 그 소리를 듣고 말했다.

"무엇을 보고 웃는 거니? 이게 뭐니?"

"그냥 새로 만들어서 장식을 단 모자를 보고 웃는 거예요."

그녀는 이런 말로 어머니를 속였다. 그리고 아침에 잠에서 깰 때마다 부모가 그 해골을 발견하지 못하도록 해골을 가방 바닥에 넣어 두었다.

한번은 소녀가 또 밖에서 산책하고 있을 때, 그녀의 어머니가 딸의 가방-베개[7] 안에 있는 물건들을 꺼내 보았다. 무엇인가를 찾고 있었기 때문에 딸의 가방-베개 안을 찾아본 것이었다. 그녀는 해골의 입 주변을 잡아 꺼냈다. 깜짝 놀랐다.

"어머나, 무서워라! 무서워. 우리 딸이 어떻게 된 거지? 너무 이상해. 시집도 가지 않은 우리 딸이 켈레가 되었어. 그 애가 혐오스러운

7) 침실의 베개는 가방 역할을 한다.

것, 공포의 대상이 되었어. 어쩌지? 이제 그 애는 뭐지? 사람이 아니야. 그 애는 켈레야."

아버지가 말했다.

"우리 떠납시다. 그 애는 필요 없어요. 당신이 내일 산책하자고 해서 그 애를 밖으로 불러내요."

어머니는 그녀의 가방-베개에 물건을 도로 집어넣고 닫아 두었다. 소녀가 돌아오고 어두워졌다. 그들은 잠자리에 누었다. 그녀는 밤에 다시 해골을 앞에 놓고 그것을 보고 웃었다.

"안녕, 안녕!"

그러자 해골이 대답했다.

"음!"

"얘야, 정말 이상하구나. 너 왜 침실에서 혼자 웃고 있니?"

"아무것도 아니에요. 그냥 새로 만든 모자를 보고 웃고 있어요."

다음날 어머니가 딸에게 말했다.

"우리 가서 땔감을 해오자."

그들은 함께 땔감을 모으고 나무를 베고 관목의 가지를 꺾었다. 어머니가 말했다.

"나무 묶을 끈이 너무 짧구나. 내가 가서 좀 더 가져오마. 곧 돌아올게."

"아니에요. 제가 갈게요."

"아니다. 내가 가마."

"예. 그럼 어머니가 가서 가져 오세요."

그렇게 어머니는 집으로 갔다. 어머니가 집에 왔을 때 그녀의 남편은 천막집을 해체하고 배에 짐을 실어놓았다. 그는 천막을 배에 싣고 해안 반대편으로 떠났다. 그들은 딸을 버려두고 떠났다. 그들이 일을 거의 마쳤을 때, 소녀는 더 이상 기다릴 수 없어서 보러 왔다. 그녀는 짐이 실린 배와 아버지가 한 일을 보고 가파른 강둑을 따라 갔다. 기슭을 달려 내려가서 노를 잡았다. 그러나 아버지가 노로 그녀의 손목을 내리쳤다. 그녀는 노를 놓쳤다. 그들은 그녀를 버려두고 다른 해안을 향해 멀리 떠나갔다.

딸은 천막집이 있던 자리에 혼자 남겨졌다. 그 자리에 집이 있었지만, 이제는 아무것도 없었다. 집도 없었다. 그래서 그녀는 해골을 밖에 꺼내 두고 울기 시작했다. 그것을 발로 밀치면서 울면서 말했다.

"모든 게 다 이것 때문이야. 그가 무슨 일을 한거지? 그들이 나를 떠났어. 그들이 나를 버렸어. 이제 어떻게 해."

그때 벌거벗은 해골이 말을 하기 시작했다.

"너는 정말 나를 괴롭게 하는구나. 나를 발로 밀치지 마라. 나를 보내서 내가 자신을 위해 몸을 얻게 해주는 것이 더 나을 거다. 나를 그렇게 밀치지만 말아라. 가서 장작을 쌓고 불을 피워라. 그런 다음 나를 불 속에 던져 넣어라."

"알았어요. 하지만 그러면 나는 혼자가 될 거예요. 적어도 지금은 당신과 얘기라도 할 수 있잖아요."

"내 말을 들어라. 네가 괴로워하고 있는데, 우리가 같이 괴로워하는 것은 쓸데없는 일이야. 나는 나 자신을 위해서 몸을 얻을 거야."

그녀는 불을 피웠다. 불꽃을 튀기며 활활 타올랐다. 그러자 해골이 그녀에게 말했다.

"자, 이제 나를 불속에 던져라. 그리고 머리를 옷깃 속에 넣어라. 그렇게. 고개를 들지 마라."

그녀는 그대로 했다. 해골을 불 속에 던져 넣은 다음 머리를 깃 속에 집어넣고 숙이고 있었다. 계속 그렇게 있었다. 한동안 불길이 소리를 내며 타올랐다. 그리고는 사그라졌다. 그녀는 계속 머리를 숙이고 있었다. 덜거덕거리며 사람들이 달리는 소리가 들리기 시작했다. 그리고 또 순록 떼를 모는 "워, 워!", "아흐, 아흐!"하는 시끄러운 목소리와 휘파람 소리도 들렸다. 그녀가 계속 머리를 숙이고 앉아있는 동안 마차가 옆에서 덜거덕거렸다. 덜거덕 소리는 더 가까워졌다. 한 남자가 앞에서 그녀를 불렀다.

"애야, 거기에서 뭐하고 있니?"

그녀는 올려다보았다. 큰 마차가 오고 있었다. 순록 떼가 아주 많았다. 그 남자, 그녀의 남편이 최고급 가죽 옷, 얇은 모피로 만든 셔츠를 입고 그녀 앞에 서 있었다.

그들은 캠프를 세우고 천막을 쳤다. 그는 순록이 아주 많았다. 그녀는 기분이 아주 좋아졌다.

초가을, 추위가 시작될 무렵, 여자의 부모가 연기가 피어오르는 것을 보았다.

"이리 와 봐요. 저기 보이는 것이 무슨 마을이죠? 가봅시다."

그녀의 어머니와 아버지가 배를 타고 건너왔다.

"외부 천막에 앉으세요. 제가 아버지와 어머니를 위해 음식을 좀 만들게요."

그녀는 음식을 준비하고 솥에 고기와 비계를 채웠다.

그녀는 요리를 하면서 순록의 골수를 빼내기 위해 넓적다리뼈를 부러뜨렸다. 음식이 다 되자 그녀는 뼛조각이 든 골수를 그들에게 주었다.

"이 골수를 드세요."

그들은 골수를 먹었다. 뼛조각들이 그들의 목구멍에 걸려 깊이 찔렸다. 그렇게 해서 그들은 죽었다. 다 끝났다. 나는 바람을 죽였다.[8)]

해양 축치족 리케우기가 들려준 이야기, 마린스키 포스트, 1900년 10월.

---

8) 축치족이 거주하는 해변에는 모든 사냥과 여행을 중단시키는 바람과 악천후가 수 주 동안 계속된다. 그런 날들 동안 사람들은 집 내실에 머물며 끝없는 이야기로 불가피한 여가시간을 보낸다. 이야기는 바람을 잠재우는 마법적인 수단으로 여겨진다. 이런 생각이 마지막 문장에서 표현된다. 이와 같은 생각은 아메리칸 부족들 사이에도 나타난다.

4. 켈레에게 초자연적인 능력을 받은 젊은이

옛날에 외딴 집에 사는 사람들이 있었다. 그들은 단 세 명이었다. 아들이 병이 들어서 부모들은 잠조차 잘 수 없었다. 강풍이 불고 있었다. 바람소리 속에서도 사람들이 썰매를 타고 오는 소리가 들렸다. 그 사람의 아내가 어둠속을 내다보니 방문객들이 보였다. 그들을 렉켕이었다.[9] 아내가 말했다.

"이런, 그들이 우리 위로 내려오고 있어요."

렉켕의 순록은 숨을 쉴 때 불을 내뿜었다. 그들이 와서 집으로 들어왔다. 병든 아들은 즉시 신음소리를 그쳤다.

"우리는 식량을 얻으러 왔다. 당신은 우리에게 무엇을 대접하겠느냐?"

"띠무늬물범(Thong-seal) 고기를 대접할게요."

"우리는 그것에 익숙하지 않다. 우리에게 무엇을 대접하겠느냐?"

"고리무늬물범 고기를 대접할게요."

"우리는 그런 것들은 먹지 않는다."

렉켕들은 환자가 있는 쪽을 가리키며 말했다.

"우리는 저것을 원한다."

"저기에는 아무 것도 없어요."

그러나 그들 중 하나가 침실로 들어가서 아픈 아들의 발목을 잡아 끌고 나왔다. 그를 잡자마자 입으로 이렇게 후-읍! 그러자 아들의 뼈만 남았다. 가엾은 어머니는 울었다. 렉켕 중 하나가 외투를 벗어서 아들의 뼈를 그 안에 넣었다. 그리고 밖으로 나가서 말했다.

"우리는 간다. 우리를 지켜보아라."

늙은 어머니는 그들이 썰매로 가는 것을 지켜보았다. 그들은 썰매

9) 렉켕은 악령들이다.

로 가서 집 쪽을 향해 외투에 싸인 내용물을 집어던졌다. 그러자 거기에 지금 막 그들에게 잡아먹힌 사람이 있었다. 그들은 아픈 아들을 다시 살려주었다. 아들은 완전히 알몸으로 집으로 들어갔다. 그 일이 있은 후 그는 위대한 샤먼 능력을 얻게 되었다.

아들은 제정신이 아닌 것 같았다. 갑자기 돌로 자기 몸을 때렸다. 그런데 돌이 산산 조각났다. 이웃 모든 마을에서 호기심에 찬 사람들이 왔다. 그들은 그를 죽이려고 작살로 찔렀다. 그러나 그의 몸은 돌처럼 단단해서 아무 것도 할 수 없었다.

얼마 후 아들은 결혼을 했다. 그의 아내는 매우 예뻤다. 그래서 악행을 일삼는 사람들이 이 여인을 차지하고 싶어 했다. 그들은 이 샤먼을 잡아 광야로 끌고 가서 목을 졸라 죽였다. 그렇게 그는 죽음을 당했다. 그들은 그의 아내를 집으로 데려갔다. 그런데 그들은 그들이 막 죽인 그 사람이 조금 전과 마찬가지로 집에 있는 것을 보았다.

"이런, 또! 어떻게 하지?"

그 여자는 너무 예뻤다.

그들은 지하실을 파고 그곳에 털이 북슬북슬 난 벌레를 가득 넣었다. 이 벌레들은 곧 매우 커졌다. 그러자 그들은 그를 불렀다. 그는 여자에게 말했다.

"이제 나는 싸움을 포기해야 돼요. 그들이 당신을 전리품으로 데려갈 것이오. 당신은 지하실에서 땅을 파야 된다는 것을 기억해요."

그들은 그를 지하실로 밀어 넣었다. 벌레들이 그를 먹어 치웠다. 그리고 그들은 여자를 데려 갔다.

밤이 오자 그녀는 조용히 빠져나와 흔적을 따라갔다. 그것은 그녀의 남편이 만들어 놓은 흔적이었다. 그녀는 흔적을 따라가다가 덤불에 걸려있는 순록 내장을 발견하고는 거기에 멈춰 불을 피웠다. 그런 다음 다시 출발했다. 목이 말랐다. 벌레로 가득한 강이 보였다. 그래서 그 강물을 마시지 않았다. 잠시 후에 호수가 보였다. 물고기가 가득했다. 이 호수의 물도 마실 수 없었다. 드디어 그녀는 남편을 찾았다. 그는 집 밖에 서서 무엇인가를 하고 있었다. 남편이 그녀에게 말했다.

"당신 왔어?"

• • •

한편 그는 켈레와도 결혼을 했다. 켈레 아내가 그녀에게 말했다.

"내 옷을 입어."

그러나 남편이 말했다.

"그것을 입지 마요. 그럼 당신은 죽게 될 거예요."

켈레 아내가 말했다.

"그럼 나를 쳐다보기라도 해."

남편이 말했다.

"그녀를 보지 말아요. 그녀가 당신의 영혼을 가져갈 것이오."

이것은 켈레 여인이었기 때문에 만약 그녀가 쳐다봤다면 그 즉시 죽었을 것이다. 켈레 여인이 다시 말했다.

"그럼 내 가방-베개 위에 앉아."

남편이 말했다.

"앉지 말아요. 그녀가 당신의 아이를 죽일 거요."

인간 아내는 밖으로 나와서 외부 천막에서 바쁘게 일했다. 켈레 아내는 외부 천막에 지하실을 만들었다. 인간 아내가 어둠 속에서 그 지하실로 떨어졌다. 드디어 아기가 아주 큰소리로 울기 시작했다. 남편이 켈레 아내에게 물었다.

"아이 엄마는 어디 있지? 그녀에 대해 아는 것 없소?"

켈레 아내가 대답했다.

"아뇨. 난 아무것도 몰라요."

아기가 매우 시끄럽게 울었다.

남편이 말했다.

"그럼 내 북을 주시오."

그는 여러 존재들 사이에서 아내를 찾아보았으나 찾을 수 없었다. 그다음 그는 다른 종류의 존재들, 아침 여명의 존재들을 찾아 떠났다. 그러나 거기에도 그녀는 없었다.

"정말 이상하네. 내가 그녀를 찾지 못하다니."

그는 다시 북을 쳤다. 이번에는 정오에게 가서 아내를 찾아보았다. 거기에도 없었다.

그는 켈레 아내에게 말했다.

"그녀를 해친 사람은 당신이군."

켈레 아내가 그에게 말했다.

"내가 왜 나의 동료를 해치겠어요?"

"그럼 다시 북을 주시오."

그는 땅의 존재들 사이에서 아내를 찾아보았다. 그녀가 보였다. 그가 그녀에게 말했다.

"당신 여기서 뭐하고 있소?"

그녀는 굶어죽었다. 그녀가 말했다.

"나를 죽이려고 이 지하실을 만든 사람은 당신 아내에요."

그러자 남편이 말했다.

"이제 우리 그녀를 떠납시다. 그녀는 나빠요. 그래서 우리에게 아이가 생기지 않을 거요."

그가 켈레 아내에게 말했다.

"당신은 경험 많은 샤먼이오. 당신의 기예를 조금 연습하시오. 우리 기분전환 좀 합시다."

"예, 좋아요."

켈레 여인은 기예를 연습했다. 남편 샤먼은 똥으로 사람을 만들어서 그녀의 말에 일상적인 대답을 하게 했다.

여자가 기예를 연습했다. 남자는 집 주위에 불을 피웠다. 불길이 타올랐다. 그러는 동안 똥으로 만들어진 마네킹은 "키트, 기트, 기트"라고 대답하고 있었다. 그는 꽤 활기찼다. 켈레 여인은 매우 더웠다. 집이 타오르고 불길이 침실로 다가왔기 때문이었다. 남편과 인간 아내는 흑요암 끌개를 가지고 멀리 달아났다.

마침내 켈레 여자가 침실에서 나왔다. 너무 뜨거웠기 때문이다. 대답을 하고 있던 똥으로 만든 사람이 쓰러졌다. 똥이 녹고 있었기 때문이다. 그는 겨우 약하게 "기트, 기트"하고 외칠 수 있었다. 활기차게 대답하던 자도 열기 속에서 녹고 있었기 때문이다.

그러자 켈레 여인의 혀끝이 밖으로 튀어 나와 도망가는 자들을 추격하기 시작했다. 그것은 매우 빨라서 곧 가까워졌다. 남편이 인간 아내에게 말했다.

"흑요석 끌개를 내려놓아요."

그러자 아주 미끄러운 큰 산이 생겨났다. 혀끝은 절반쯤 올라갔다가 밑으로 미끄러졌다. 그럼에도 불구하고 어쨌든 혀는 그 산을 넘어서 계속 쫓아왔다.

그들은 나무 조각을 땅에 꽂았다. 그러자 그것이 울창한 숲으로 변했다. 숲은 매우 빽빽하고 울창해서 통로가 없었다. 그 숲을 통과하여 지나가느라 혀는 피투성이가 되었다. 그럼에도 불구하고 계속 쫓아왔다. 남자가 아내에게 말했다.

"당신 왼손 새끼손가락으로 땅에 줄을 한 줄 그려요."

그러자 이번에는 강이 생겨났다. 강이 빠르게 흘렀기 때문에 혀가 강둑에서 내려서자마자 곧 물살에 떠내려갔다. 그럼에도 불구하고 혀는 강을 건너왔다. 남자가 아내에게 말했다.

"땅에 또 한 선을 그려요."

그들은 모든 수단을 다 동원하며 도망가고, 혀는 계속 쫓아왔다. 드디어 그는 아내에게 오른손으로 등잔 검댕으로 선을 그리라고 했다.[10]혀가 그 검댕 강에 다다르자 무시무시한 공포가 느껴져 그것을 건널 수 없었다. 그들은 멀리 가서 보이지 않게 되었다. 혀는 돌아갔을 것이다.

인간들은 아침 여명에게로 올라갔다. 그들은 거기 상층세계에서 늙어 죽었다. 그 샤먼의 이름은 타이파트였다. 그의 아들은 달에 살았고, 희생의 존재가 되었다. 그들은 그에게 가죽 끈(thong)을 조금 던진다. 이렇게 함으로써 그들은 모든 종류의 사냥감에 그 가죽 끈을 던지는 것이다. 그들은 달에게 피도 제물로 바친다.

어머니는 불멸이었다. 그녀는 왼쪽 아침 여명이 되었다. 아마 그들은 첫 번째 창조에서 생겨난 사람들이었을 것이다.

사악한 마법을 소유한 자들도 달의 다른 곳에 살았다. 간질도 창조되었다. 그 사람들은 늙어 죽지 않았다. 피기침도 거기에서 온다. 화난 적들의 방문을 받아서 사냥감이 잡히지 않는 사람도, 그의 불행도 거기에서 온다. 경계해야 한다. 운이 좋은 사람이라도 부족함을 느낄 수 있다. 정말, 사냥감은 초자연적인 방법에 의해 보이지 않게 된다. 그러면 죽이기가 어려워진다. 희생샤먼 역시 거기, 온갖 종류의 "존재들"로부터 창조되었다. 바람아 그쳐라.

해양 축치족 린토가 들려준 이야기, 마린스키 포스트, 1900년 10월.

10) 등잔, 그리고 등잔과 관련된 모든 것들은 영들에 대적하는 매우 효과적인 방어물로 여겨진다.

5. 켈레와의 시합

(의역)

한 사람이 있었는데, 그의 아들들이 모두 죽었다. 그는 늙었고 자식이 없었다. 그의 노년에 그에게 한 남자 아이가 태어났다. 그 아이는 자라서 배 만드는 사람이 되었다. 아버지가 잠들어 있을 때, 그는 배를 타러 갔다.

그는 출발해서 저쪽으로 멀어져갔다. 여행을 하다가 섬에 있는 한 사람을 보았다. 그 사람이 말했다.

"여기요! 이쪽으로 오세요!"

"그럴게요."

그는 그리로 갔다. 그는 여행을 하다가 작은 바다표범을 한 마리 잡았다.

"이봐요, 우리 놉시다. 즐거운 시간을 보냅시다."

"그럽시다."

작은 사람은 배 안에 숨고, 다른 한 사람은 그를 찾았다. 그런데 그는 어디에도 없었다. 그러다 그는 배에서 떨어졌다.

"이봐요, 나 여기 있어요. 이제 당신 차례예요."

다른 사람은 집이 되었다.

"어디 있지? 모르겠네."

"나 여기 있소."

그는 그를 찾았다.

"이제 간을 좀 먹읍시다."

"좋죠. 그럼 내가 배에 가서 칼을 가져오겠소."

그는 칼을 가져오면서 최근에 잡은 작은 바다표범을 자신의 품에 넣었다. 피도 약간 넣었다.

"내가 먼저요."

그는 칼로 자신의 배를 갈라서 자신의 간을 먹는 시늉을 했다. 사실 그는 바다표범의 간을 잘라 먹은 것이었다.

"이제 당신 차례요."

그러자 다른 사람이 자신의 배를 갈랐다. 그래서 죽었다. 자살한 것이다.

그 사람은 다시 길을 떠났다. 턱뼈로 만든 집(jaw-bone house)이 보였다. 거기에는 늙은 여자 켈레가 머리를 요리하고 있었다.

"무슨 일이지? 우리 집에 온 게 누구지?"

그가 들어가서 베개 위에 앉았다. 그가 앉자 켈레 여자가 그를 보러 왔다. 켈레는 피가 말라붙은 칼을 가져와 갈기 시작했다. 그는 칼을 갈고 있는 이에게 달려들어 칼을 낚아채 그녀의 머리를 내리쳤다. 그녀가 죽었다. 그렇게 그는 그녀를 죽었다.

그는 밖으로 나와서 다시 길을 떠났다. 집이 보였다. 그 집으로 갔다. 집 안에는 옷들이 널브러져 있었다. 갑자기 화덕에서 목소리가 들려왔다.

"오, 그 사람이 여기 있군! 이 자가 사냥감을 가져오는 자들을 죽이는군. 그가 죽인 사람들도 우리 음식과 사냥감을 가져오는 자들이었어."

그리고 머리가 나타났다. 그는 그 머리에 작살을 꽂았다. 그러자 남자 켈레가 땅속에서 그것을 끌어내려 줄과 함께 땅속으로 들어가게 했다. 그는 땅속에서 움직이고 있었다. 바로 맞은편에 다른 작은 턱뼈집이 있었다. 그는 거기에 그 켈레를 놓아주었다. 그는 그 턱뼈집으로 들어갔다.

거기에는 눈이 없는 두 노파가 앉아있었다. 그는 성기를 꺼내 한 노파를 향해 흔들었다. 그 늙은 노파가 말했다.

"오호, 무엇인가가 나에게 남편이 있었던 시절이 생각나게 하네."

"그래요?"

그는 한 노파를 죽여서 항문에서부터 가죽을 벗기고 시체를 똥 더미 위에 던졌다. 그리고 그 피부 가죽을 몸에 걸쳤다.

사람들이 샤먼을 찾아왔다.

"뭘 원하시오?"

"충분해요. 한 남자의 머리가 (아파요)... 그런데 당신 아래턱이 왜 그렇게 길어졌소?"

"정말 그렇게 길어졌나요? 그럼, 이제 집에 가세요. 내가 금방 갈게요."

그는 바로 출발했다.

"머리가 아픈 사람을 일으켜 앉히세요. 여기요."

갑자기 그가 작살 끝으로 그의 머리를 찔러 죽였다. 그는 더 많이 죽이고 집을 부수었다. 그리고는 그곳을 떠나 저쪽으로 멀어져갔다. 그는 집으로 돌아갔다.

그가 집에 도착하자 그의 부모가 기뻐했다. 그는 말했다.

"제가 살인자 몇을 없앴어요. 끝장 내버렸다고요. 제가 바람을 죽였어요."

해양 축치족 리케우기가 들려준 이야기, 마린스키 포스트, 1900년 10월.

6. 아이완 사람과 순록 사육자

옛날에 고래 사냥을 하는 아이완 병사가 있었다. 그는 고래를 잡았다. 그의 이웃에 순록을 사육하는 사람이 있었는데, 그 사람의 아들이 늙은 아버지께 말했다.

"고래 사냥꾼에게 가서 고기를 좀 얻어 오세요."

"그러마."

아버지는 아이완 사람에게 갔다. 아이완 사람이 그에게 말했다.

"뭘 원하세요?"

"내 아들이 보내서 왔어요."

"그 애가 그랬어요?"

아버지는 바지 위쪽 부분을 뒤집어 그 안에 지방을 가득 담아서 집에 갔다. 아들이 물었다.

"뭘 얻어 오셨어요?"

그러나 아버지는 화가 나서 말했다.

"왜 네가 직접 가지 않았냐?"

그래서 이번에는 아들이 아이완 사람에게 갔다. 아이완은 얕은 물에서 사냥한 고래를 자르고 있었다. 그의 동료 한 사람이 그에게 말했다.

"순록 사육자가 자네를 찾아 왔네."

순록 사육자가 해변으로 갔다. 아직 비계가 붙어있는 찢어진 바다코끼리 가죽이 모래에 묻혀있었다. 그는 손톱으로 그것을 파내서 두 손가락으로 가죽 끝에 구멍을 내고 흔들어서 모래를 털어냈다. 그는 손으로 그렇게 할 만큼 힘이 셌다. 그리고 그것을 씨름판으로 사용하려고 비계가 위로 오도록 해서 땅위에 펼쳐 놓았다.

아이완 사람과 순록 사육자가 옷을 벗고 씨름을 했다. 비계 위를 걷는 것도 매우 미끄러웠다. 아이완 사람이 손을 뻗어 순록 사육자를 공격했다. 순록 사육자는 그의 머리를 잡아 뽑았다. 머리가 땅 위에 떨어져 뒹굴었다. 그는 머리가 뽑힌 채로 팔을 뻗은 그대로 서 있었다. 다른 사람들이 말했다.

"놀랍군! 머리가 뽑혀 나가다니!"

아이완 사람이 쓰러져 죽었다. 순록 사육자가 고래를 차지했다. 그는 집으로 갔다.

"다녀왔어요."

아버지가 그에게 물었다.

"어떻게 됐니?"

"제가 고래를 통째로 손에 넣었어요."

"놀랍구나. 하지만 우리는 이웃들이 없어졌구나."

그들은 짐 썰매를 끌고 고래를 가지러 갔다. 그것은 해안에 있었다. 죽은 아이완 사람에게는 아들들이 있었다. 아이완 사람의 아들이 긴 가죽 줄을 모래 속에 숨겨놓았다. 어제의 승자인 순록 사육자가 해안에 있을 때 그가 가죽 줄을 잡아당겨 순록 사육자가 걸려 넘어져 물속에 빠지게 만들었다.

순록 사육자는 물에 빠져 죽었다. 아이완 사람은 순록 사육자의 아내와 순록 떼를 차지했다. 그러나 그는 순록을 돌보지는 않고 늘 대량으로 도축할 뿐이었다. 그는 순록의 고기는 먹지 않고 오직 순록의 혀만 먹었다. 매일 아침 그는 순록을 도축했다. 그는 아침에 일어나면 (순록 사육자의 아내였던) 아내에게 옷을 입혀 달라고 했다. 그녀가 거절하면 몽둥이로 그녀의 머리를 퉁퉁 붓도록 심하게 때렸다.

"순록 떼를 집으로 데려와."

그리고 다시 그는 순록을 도축했다. 부인은 순록을 생각하며 울었다.

"왜 우는 거야?"

"그냥요."

"네 남편 때문에 슬퍼하는 거야?"

"아녜요."

"그럼 왜 우는 건데?"

그는 언제나 그녀에게 폭력을 가할 준비가 되어있었다.

한 작은 거미 여인이 몰래 울고 있는 이 사람을 방문했다. 거미 여인이 내려와서 물었다.

"아이완 사람과 결혼했나요?"

"예. ... 그런데 그가 순록 떼를 계속 죽여요. 계속 순록을 죽이지만 혀만 먹고 고기는 먹지 않아요."

"지금 당장 옷을 좀 준비해요."

그녀는 거미 여인이 시키는 대로 옷을 가져와서 바다 쪽으로 던졌다. 아이완 사람은 잠들어 있었다. 아내는 밖에서 계속 울고 있었다. 갑자기 바다에 빠져 죽은 그녀의 남편이 바다 저 멀리에 나타났다. 아내는 눈물을 닦았다.

"거기 뭐예요? 내 남편 같은데요."

그러자 그가 다가왔다.

"오, 내 사랑! 당신이 왔군요."

"그래요. 왜 울고 있소?"

"그 아이완 사람이 여기 있어요. 함께 살고 있어요. 우리 순록 떼를 거의 다 죽였어요."

그녀의 남편이 말했다.

"우리 그 놈을 잡읍시다."

그들은 그를 붙잡아 밖으로 끌고 나와 똥 더미 위에 눕히고 그의 손을 땅에 못으로 박아 놓았다. 그리고 매일 아침 모든 이웃들이 일어나면 요강을 그의 입에 쏟아 부었다. 그럼에는 그는 살아 있었다. 그들은 매일 그의 입에 오줌과 똥을 부었다.

"이봐, 나를 보내줘. 당신에게 내 아내들을 줄게. 그들을 노예로 가져.”

“필요 없어.”

“값진 것들을 줄게.”

“나는 당신을 믿지 않아.”

“정말이야. 내 아내들과 지식들을 줄게. 당신은 그들을 노예로 가지게 될 거야.”

그 아이완 사람은 부자였다. 그들은 그를 풀어주었다. 순록 사육자가 그를 따라 갔다. 그는 아내들과 자식들을 순록 목동들에게 주었다.

그는 작은 노파를 집으로 데려갔다. 이 아이완 노파는 이 사람의 어머니로 사악한 마법을 부리곤 하던 사람이었다. 그는 그녀의 옷을 벗기고, 길들여지지 않은 순록을 데려와서 순록의 발목에 그녀를 묶었다. 순록은 달려 나갔다. 때는 겨울이었다. 순록은 그녀를 이리저리 질질 끌고 다녔다. 처음에는 순록떼 쪽으로, 다음은 광야로. 그런 다음 순록은 그녀를 끌고 돌아왔다. 그녀의 등뼈는 모두 찢겨 나가고 부러졌다. 순록은 그녀를 매달고 다시 순록떼 쪽으로 내달렸다. 잠시 후 순록은 그녀를 매달고 돌아왔다. 그녀는 온몸이 부서졌다. 다리만 가까스로 부러지지 않고 남아 있었다. 그는 순록의 마구를 풀어주었다.

그 노파는 죽었다. 주인은 순록처럼 기침을 하기 시작했다. 순록처럼 계속 땅에 눈물을 흘렸다. 그는 기절해서 쓰러졌다. 그리고 그도 죽었다. 끝.

해양 축치족 코티르긴이 들려준 이야기. 미스콴 마을, 1901년 3월.

7. 켈레의 방문

옛날에 황무지에 작은 집이 있었다. 켈레가 그곳을 방문하러 가고 있었다. 한 여자와 그녀의 아이들만 집에 있고, 그녀의 남편은 순록 떼와 함께 있었다. 집 뒤쪽에 장례를 치르는 장소가 있었는데, 거기에 시체가 놓여 있었다. 어느날 여자가 침실 한가운데에 있었는데,[11] 죽은 자가 보였다. 저녁에 여자가 그를 보았다.

"어디서 왔나요?"

"나는 당신의 이웃이에요. 당신을 보러 왔어요. 됐네요. 당신이 모르는 게 있어요. 켈레가 당신을 만나러 오고 있어요. 그들이 아주 가까이 왔어요."

작은 개가 있었다. 작은 개는 어디에나 있다. 침실에도 외부 텐트에도... "이런, 이런 볼품없고 작은 개는 필요 없어요. 이제 나는 돌아갈게요. 밖으로 나와서 나를 따라 와요."

그녀는 옷을 입고 작은 개를 집 뒤로 데리고 나와 죽였다. 그리고 그 피로 집 주위를 빙 둘러 선을 그었다.

"이제 들어가요. 그들이 저기 오고 있어요."

켈레들이 왔다. 그들이 말했다.

"어떻게 하지? 그것은 반대쪽 기슭에 있는데. 이제 섬에서 뭘 하지? 어디서 시작해야 하지? 여기에서부터 해보자. 이런, 너무 깊은 것 같아."

켈레는 창을 넣어 보았지만[12] 바닥에 닿지 않았다.

"너무 깊어. 그만 가자. 어떻게 하지?"

그들은 떠났다. 다음날 남편이 와서 입구 옆에 놓인 죽은 개를 보

11) 누군가의 부름에 대답하여, 또는 어떤 목소리의 원인을 찾기 위하여 그랬던 것 같다.

12) 켈레는 개의 피를 깊은 강으로 생각했다.

고 말했다.

"내가 떠날 때는 식구들이 모두 무사했었는데, 무슨 일이지?"

그는 깜짝 놀라 입구를 열어보았다. 여자가 침실의 덮개 밑에서 나왔다.

"여보, 무슨 일이야?"

"아무 일도 없어요. 우리 모두 괜찮아요."

그제야 그녀는 침실에서 그에게 이야기를 했다. 끝.

해양 축치족 여자 아콩응아가 들려준 이야기, 마린스키 포스트, 1900년 10월.

8. 아기 괴물

옛날에 어떤 사람들이 지하 집에 살고 있었다. 그 집에는 침실이 세 개 있었다. 아들의 침실은 동쪽에, 아버지의 침실은 서쪽에, 세 번째 침실은 집의 뒤쪽 가운데 있었다. 세 번째 침실은 다른 사람의 것이었다. 그들은 집단혼으로 살고 있었다. 그들의 집은 다른 집과 아주 가까이 있었다.

동쪽 침실의 여자는 아들과 함께 살았다. 그녀의 남편은 아는 사람을 방문하러 멀리 떠났지만, 그녀는 오랫동안 사람들과 함께 남아있었다. 남편이 집을 떠나 있는 사이에 그 여자는 아이를 낳았다. 젊은 어머니는 밖에 나가서 집 주위를 걸어 다녀야 했다.(아이를 낳으면 이런 의례를 행해야 한다.) 그런데 사람들이 다음날 새벽잠에서 깰 때까지 그녀는 밖에 나가지 않았고, 아기를 침실 밖으로 데리고 나가지도 않았다. 사람들이 말했다.

"어서 나와요. 아기를 데리고 나와요."

여자는 못들은 것처럼 여전히 밖에 나가지 않았다.

"이봐요, 당신은 아기를 낳았어요. 왜 밖에 나오지도 않고 아기를 밖에 데리고 나가지도 않나요? 당신은 우리의 말을 들으려 하지도 않는군요."

다시 밤이 되었다. 그 집의 모든 사람들이 자러 갔다. 구혼자로 봉사하고 있던 이웃 천막의 두 사람도 자러 갔다. 노인에게는 결혼하지 않은 딸이 하나 있었다. 두 구혼자 모두 그녀를 아내로 맞고 싶은 마음에 봉사하고 있었던 것이다.

갓난아기가 잠이 깨어 울기 시작했다.

"응애, 응애, 응애!"

어머니와 그 집의 다른 여자들은 깊이 잠들어 있었다. 그러자 밖에서, 외부 천막 쪽에서[13] 켈레가 대답했다.

"응애, 응애, 응애!"

아기가 또 한 번 울었다.

"응애, 응애, 응애!"

입구 쪽에서 대답이 들려왔다.

"응애, 응애, 응애!"

그리고 켈레가 입구에 도착할 즈음 아기가 베개에서 빠져 나와 일어나서 뒤쪽 침실을 활보하고 다녔다.

켈레가 뒤쪽 침실에 도착하기 전, 잠이 깬 한 소년이 울음을 터뜨렸다. 그러자 아기가 쓰러졌다. 사람들이 모두 잠에서 깼다.

"저기를 봐요! 갓난아기가 침실 밖에 나와 있어요. 그런데 베개 쪽에서는 여전히 '응애, 응애!'하는 소리가 나요."

사람들은 깜짝 놀랐다.

"정말 이상해. 생각해 봐요. 아기 어머니와 그녀의 여자 동료들은 아직 자고 있어요."

노인이 중얼거리기 시작했다.

"생각해봐. 아기가 베개에서 나왔어. 아기를 도로 데려다 놔."

대답이 없었다. 그들은 듣고 있지 않았다.

"그들을 깨워요."

한 여자가 밖으로 나가 그 침실 쪽으로 가서 침실 덮개를 들어 올렸다. 그러나 거기에는 아무 것도 없었다. 다만 붉은 피부 위에 피만 흥건할 뿐이었다. 아기가 어머니와 여자들을 잡아먹은 걸까?

"여기엔 아무 것도 없어요. 붉은 피부와 피만 가득해요."

아기가 울 때 여자들은 아기를 돌보지 않았다. 그래서 켈레가 그들 대신 아기를 돌보았다.

---

13) 베개가 침실의 경계가 된다. 그 경계 너머는 외부 천막이 시작된다.

"빨리 달아납시다. 이런 아기는 필요 없어요."

바로 그 밤에 그들은 새벽이 오기 전에 집을 떠났다. 그들은 근처 언덕에 천막을 세웠다. 갓난아기는 옛 집에 그대로 남겨두었다.

갑자기 노인이 말했다.

"내 칼, 견장에 매는 큰 칼을 두고 왔어. 그건 서쪽 침실 중앙에 걸려있는데. 맙소사."

이 말을 듣고 구혼자들 중 한 사람이 말했다.

"내가 진실한 구혼자임을 보여주고 싶습니다. 내가 칼을 가져 오겠어요. 난 할 수 있어요. 솔직하게 말할게요. 나는 아내를 얻으러 왔어요. 즉시 그녀와 결혼하고 싶어요."

그는 외투를 벗고 바지를 발목 위에 단단히 묶었다. 노인이 말했다.

"안 돼! 가만히 있게. 이럴 필요 없네. 그 칼이라 할지라도 전혀 필요 없네."

"아닙니다. 제가 꼭 그걸 가져올 거예요."

그는 밤이나 어둠 따위는 개의치 않고 턱뼈로 만든 집으로 달려갔다.

그가 도착했을 때 거기에서는 불길한 울음소리가 계속해서 들렸다.

"응애, 응애, 응애!"

그는 턱뼈로 만든 집 주위를 돌아다니다가 안으로 들어가서 침실 가까이에서 울고 있는 것 근처로 걸어갔다.

그 사람이 들어가자마자 아기가 쫓아왔다. 아기가 그의 냄새를 맡자마자 외부천막에서 어둠을 뚫고 그를 쫓아왔다. 그는 손을 뻗어 큰 칼을 찾았다. 그리고 그것을 잡고 달리기 시작했다. 아기는 울면서 계속 쫓아왔다. 그는 달려서 집 주위를 한 바퀴 돌았다. 그러자 우는 아기는 다시 안으로 들어갔다.

그는 천막으로 와서 잠시 쉬었다. 노인이 중얼거렸다.

"저기에서 무슨 소리가 나는 거지?"

그리고는 말을 멈추고 잠시 동안 귀를 기울였다.

"그를 보내지 않았다면 좋았을걸. 우리가 남을 위험에 빠뜨렸어."

그는 잠시 쉬고 천막 안으로 들어갔다.

"여기 있어요. 칼을 받으세요."

"오, 이게 바로 그 칼이야."

노인은 바로 소녀에게 외쳤다.

"얘야, 빨리 침실을 정돈해라. 이 젊은이 등에 한기가 느껴질게다. 안으로 데려 가서 따뜻하게 해 줘라. 이사람 등이 차가울 거야."

그리고는 젊은이에게 말했다.

"이제 들어가게."

그래서 그 남자는 결혼해서 그 소녀를 아내로 맞이했다. 끝.

해양 축치족 남자 리케우기가 들려준 이야기, 마린스키 포스트, 1900년 10월.

9. 고아

옛날에 혼자 외로이 살고 있는 고아가 있었다. 그곳에는 사람들이 많이 살고 있었는데, 사람들은 항상 그를 때리고 괴롭혔다.

어떤 사람들이 감사절을 준비하고 있었다. 고아는 다른 손님들과 함께 그 집에 갔다. 그러자 그들이 말했다.

"너도 감사절 축제에 참석하는구나."

"아뇨, 내가 어떻게 감사절 축제에 참가할 수 있겠어요. 나는 샤먼 지식이 없어요. 아무것도 몰라요."

"그럼 노래나 불러라."

그래서 그도 축제에 참여하게 되었다. 그냥 노래만 불렀다.

"오토토토토토토이, 오타타타타타타이!"

"이게 뭐야? 왜 이렇게 노래를 못하니?"

그들은 그에게 심한 매질을 했다. 그는 무방비였다. 그리고 다시 그에게 노래하라고 시켰다.

"자, 그럼 축제에 참여해라."

"오토토토토토토이, 오타타타타타타이!"

그들은 또 그를 때렸다.

턱뼈집이 한 채 있었다. 그 집은 아주 오래되고 비어있었다. 그는 어둠을 틈타 그곳에 가서 집 안을 향해 노래를 했다.

"오토토토토토토이, 오타타타타타타이!"

그러자 안에서 어둠속에서 켈레가 대답했다.

"오토토토토토토이, 오타타타타타타이!"

그가 다시 노래를 했다.

"오토토토토토토이!"

그러자 안에서 대답했다.

"오토토토토토토이!"

켈레가 그를 불렀다.

"얘야, 뭘 원하니?"

그때까지 그는 보조령이 하나도 없었다.

"이것으로 충분해요. 사람들이 나를 몹시 괴롭혀요. 모두 그래요."

"알았다. 나가라."

켈레는 그를 밖으로 내보냈다. 그는 밖으로 나가서 다시 감사절 축제를 벌이고 있는 집으로 갔다.

"너도 축제에 참여해라. 어디 갔다 오는 거니? 축제에 참여해. 그럴 거지?"

그는 다시 축제에 참여해서 조금 전처럼 노래를 불렀다.

"오토토토토토토이!"

"이런, 또 저런 노래를 하는군."

그럼에도 그는 계속했다.

"오토토토토토토이, 오타타타타타타이!"

그러자 땅속으로부터 대답이 들려왔다.

"오토토토토토토이!"

이웃집에서 온 한 노인이 이 소리를 들었다. 다른 사람들은 떠들썩해서 아무 것도 듣지 못했다.

"좀 조용히 해 봐. 뭔 소리가 들렸어. 목소리가 나에게 왔어."

"저애가 어디에서 그런 소리를 찾았을까? 이 망나니가."

그러자 다시 안에서 그 소리가 들려왔다.

"아니! 이게 뭐지?"

그 목소리가 점점 다가왔다. 그들 모두 그 소리를 들었다.

"저기다! 멈춰!"

그들은 두려웠다. 그러나 그것은 계속되었다.

"오토토토토토토이!"

"오토토토토토토토이, 오타타타타타타이!"

켈레는 단숨에 고아를 때린 모든 사람들을 삼켜버렸다. 그들 모두를 죽였다. 끝.

해양 축치족 맹인 비옌토가 들려준 이야기, 마린스키 포스트, 1900년 10월.

10. 움쾌쾌이의 모험

정말로, 이것은 지어낸 이야기가 아니다. 이것은 어느 땐가 있었던 실화이다. 오랜 옛날에 한 남자가 살았다. 그 시절에는 악령 켈레가 마치 우리 사람들처럼 눈에 보이게 주위에 돌아다녔다. 그것도 아주 자주.

그때 텔쾌프 땅에서 움쾌쾌이와 그의 동료들이 순록을 몰고 어디론가 가고 있었다. 세 동료는 모두 순록을 모는 사람들이었다. 그들은 그렇게 많았다. 그러다가 그들은 한 무리를 보았는데, 그 바깥쪽을 지나갔다. 그들은 집도 지나갔다. 세 채의 집이 있었지만 아무도 그것을 눈치 채지 못했다. 그것들은 눈에 보이지 않았다. 켈레들이 그것을 보이지 않게 했기 때문이다. 마치 현재 악령이 우리 눈에 보이지 않는 것처럼.

그들은 가사용품들과 짐 꾸러미들을 쌓아놓은 더미와 짐이 실린 썰매들을 지나갔다. 어떤 사람들은 거기에 순록을 맸다. 움쾌쾌이는 땅에서 풀이 무성한 작은 언덕을 발견하고, 어린 해마 가죽으로 만든 긴 밧줄 끝을 그 언덕에 묶었다.

그리고 그의 순록을 이 긴 가죽 밧줄 끝에 묶었다. 움쾌쾌이의 순록은 어린 해마 가죽으로 만든 긴 밧줄 끝에 묶여서 그 길이가 다할 때까지 가게 되었다.

움쾌쾌이와 그의 세 동료는 그 집들의 입구를 향하여 앉았다. 집에서는 켈레가 음식을 만들고 있었다. 그들은 솥을 매달았다. 한 켈레가 썰매 날을 만들고 있었다. 여자 켈레는 요리를 하고 있었는데, 아주 예뻤다.

그녀는 밖에 나와 주위를 둘러보았다. 그리고 들어가서 말했다.

"우리는 어제보다 부끄러워요. 무서워요."(우리는 미신적인 공포도

부끄럼이라고 한다.)[14]

"당신 정말 이상하군. 왜 부끄러워? 이런, 무서워하고 있잖아. 그런데 무엇이 우리를 이렇게 짓누르지?"

사람들이 온 것뿐이었다.

"당신 정말 이상하군. 무서워하고 있잖아. 무엇이 우리를 이렇게 짓누르지?"

그때 움쾌쾌이가 손가락으로 그녀를 가리켰다. 그러자 그녀는 찌르는 듯한 고통을 느꼈고, 숨조차 쉴 수가 없었다.

"오, 오, 오."

"정말 이상하네. 무엇이 우리를 이렇게 짓누르지? 우리 빨리 가자. 무엇인가가 우리를 짓누르고 있어."

움쾌쾌이와 친구들은 멀리 도망갔다. (우리는 먼 곳으로 떠나는 것을 "비행"이라고 부른다.)[15] 다른 사람들은 매어놓은 순록을 재빨리 풀어주었다. 그러나 움쾌쾌이의 순록은 올가미에 묶여있었다. 그래서 그는 그것을 풀어줄 수 없었다. 그는 올가미를 풀이 무성한 언덕 위로 잡아당겼다. 그러자 그의 순록이 풀려났다. 그들은 모두 달아났다. 그 땅은 물처럼 부드러워졌다. 그러나 그들은 집에 갔다. 끝.

해양 축치족 쿼티르긴이 들려준 이야기, 미스콴 마을, 1900년 11월.

14) 응이르킬라아르킨('너는 부끄럽다') 역시 임굼게에르킨('너는 미신적인 공포를 느낀다')의 동의어로 사용된다.

15) 이야기를 들려준 사람의 설명이다.

11. 형제의 모험[16)]

형제들 일행이 배를 타고 바다로 갔다. 그들은 역풍을 만나 다른 땅으로 떠밀려갔다. 짙은 안개 속에서 길을 잃었지만, 마침내 땅을 발견했다. 그것은 아주 이상한 어두운 땅이었다. 그들이 말했다. "세상에! 우리는 이상한 땅에 왔어."

그들은 한동안 걸었다. 그러다 갈매기 인간들을 만났다. 그 갈매기들은 사람과 같은 방식으로도 말할 수 있었다.

"본토에서 온 사람들이군요."

"그렇소."

"무슨 문제가 있나요?"

"바람이 우리를 험하게 다뤘어요."

"저런, 안됐군요."

"우리는 죽을 것만 같아요."

갈매기 인간이 말했다.

"당신들은 죽지 않을 거예요. 저 해안을 따라 천천히 내려가세요. 그러면 죽지 않을 겁니다. 가다보면 물에 떠밀려온 동물의 사체가 해변에 있을 거예요. 그것을 먹으면 안돼요. 그러면 죽을거예요. 그것을 지나가면 물에 떠밀려온 혹등고래(Megaptera boops)의 사체가 보일 거예요. 그것의 간은 조금 먹어도 돼요."

혹등고래의 사체를 발견했을 때 그들은 매우 배가 고팠다. 그들은 그 간을 먹었다. 형제들 중 한 명은 매우 어리석은 바보였다. 그가 말했다.

"좀 더 먹고 싶어."

막내가 말했다.

16) 이 이야기는 러시아 또는 투르크-몽골 기원의 요소들과 순수한 축치 요소들의 교묘한 혼합을 보여준다.

"형이 먹은 것으로 충분해. 우리가 죽을 수도 있어."

그들은 다시 길을 떠났다. 그리고 갈매기 인간들을 만났다.

"여러분은 어디에서 왔습니까?"

"바다가 우리를 험하게 다뤘어요. 우리는 우리 땅을 잃어 버렸어요. 그래서 죽을 것 같아요."

"죽지 않을 거예요. 해안을 따라 천천히 더 내려 가세요. 물에 떠밀려온 죽은 고래(Balenoptera velifera 수염고래)가 있을 거예요. 그것은 그냥 지나쳐야 돼요. 그러면 바다사자(Eumetopias Stelleri 스텔라바다사자)의 사체가 보일 거예요. 그것은 마음껏 먹어도 돼요."

그들은 그곳을 떠나 출발했다. 물에 떠밀려온 죽은 고래를 보았다. 그 옆을 지나갔다. 바보 형이 다시 말했다.

"우리 저걸 먹자."

막내가 말했다.

"정말 바보 같군. 죽고 싶어?"

그들은 다시 걸었다. 그리고 좀 더 작은 갈매기 인간을 만났다.

"오, 본토에서 온 사람들이군요."

"그래요."

"무슨 일이죠?"

"바다가 우리를 험하게 다뤘어요."

"천천히 계속 가세요. 떠밀려온 흰 고래 사체가 보일 거예요. 그것은 먹지 마세요. 좀 더 가면 바다코끼리 사체를 발견하게 될 거에요. 그것은 배불리 먹어도 돼요. 거기는 마을 근처예요. 거기에는 힘센 사람들이 살아요."

그들은 다시 길을 갔다. 떠밀려온 흰 고래 시체를 보았다. 그것을 지나갔다. 바보 형이 말했다.

"먹자."

막내가 다시 잔소리를 하며 말했다.

"뭘 원하는 거야? 형은 그렇게 욕심 많은 사람이야?"

그들은 그것을 지나쳐 갔다. 그 다음 떠밀려온 바다코끼리의 사체를 보았다. 그들은 그 고기를 잔뜩 먹었다.

그런 다음 그들은 좀 더 오래 여행을 했고, 마침내 땅에 닿았다. 그들은 배를 해안으로 끌고 와서 모래 속에 보이지 않게 묻었다. 그리고는 잠을 잤다. 아침에 일어나 보니 한 사람이 해변을 따라 걸어오고 있었다. 그는 두려움에 가득 차 있었다. 그는 가까이 다가왔다가 도로 멀리 갔다.

바보 형이 말했다.

"내가 저 사람을 잡을게."

막내가 말했다.

"기다려, 기다려."

그들은 그를 말렸다.

그 사람이 다시 다가왔다.

바보 형이 그에게 달려들었다. 이 바보 형은 힘도 아주 셌다.

"저 사람을 죽이자."

"조금만 기다려. 우리가 먼저 저 사람에게 물어볼게."

그들은 그를 땅에 넘어뜨리고 물었다.

"당신네 사람들은 수가 많은가요?"

"예."

"힘센 자들도 있나요?"

"예. 힘센 사람이 하나 있어요. 그는 폭력을 많이 행사해요. 그가 모두의 식량을 빼앗아가요."

"그에 대해 말해 주시오. 우리가 그를 찾아가겠소."

다시 저녁이 왔다. 그들은 식량을 구해오도록 바보 형을 보냈다. 그는 가서 저장고에서 식량을 훔쳤다. 아주 큰 고래 가죽을 한 짐 가지고 돌아왔다.

"내가 거의 그들의 집까지 갔었어."

막내가 말했다.

"무슨 짓을 한거야? 죽고 싶어?"

아침이 왔다. 한 남자가 카누를 타고 노를 저어 왔다. 그 카누는 매우 컸다. 그는 바다표범을 많이 잡았다. 그들은 카누를 들여다보았다. 카누는 바다표범으로 가득했는데, 그중에는 띠무늬물범도 있었다.

"이보시오, 나를 해안으로 끌어 올려주시오."

사람들은 그의 말을 들어주지 않았다. 그러자 그가 땅에 내려왔다. 그는 매우 화가 났다. 그는 고래의 고환을 들고 와서 거기에 있는 모든 이웃 사람들을 때리기 시작했다. 그리고는 카누로 돌아갔다.

"나를 해안으로 끌어 올려 주시오."

물론 이제는 사람들이 더 잘 알아서 했다. 전체가 바닷가로 갔다. 그는 카누에 앉은 채 한손으로 띠무늬물범들을 해안으로 던졌다. 그만큼 그는 힘이 셌다.

바보 형제가 말했다.

"내가 그 사람을 제대로 상대할 수 있을 거야."

그들은 저녁에 그곳으로 갔다. 큰 턱뼈집이 있었다. 그 집 주인이 안쪽 방에 누워서 꿈틀대다가 그들을 보았다.

"손님들이군요."

"예."

"내일 우리는 감사절 축제를 열겁니다."

그들은 거기에서 밤을 보냈다. 사람들은 축제를 준비했다. 주인은 큰 돌을 가지고 들어왔다. 그들이 들어가고 입구가 닫혔다.

바보가 형제들에게 말했다.

"저들이 우리를 죽이려 해."

형제들은 모두 벨트 아래에 담비 가죽을 매달고 있었다.

등불이 꺼졌다. 그 돌은 매우 오래된 것이었다. 그 돌에는 온통 피가 말라붙어 있었다. 그들은 그것을 안으로 가져갔다. 손님들(형제들)은 어둠속에서 담비 가죽을 뒤집어쓴 후 집 기둥의 토대 아래에 있는 구멍 속으로 기어 들어갔다. 한편 주인은 어둠속에서 축제의 춤을 추고 있었다. 그 돌은 온 집안 가득 '피우, 피우' 소리를 내고 있었다.

주인이 춤을 그치고 말했다.

"손님들이 어디 있지?"

그들은 얼른 조금 전처럼 방석 위에 가 앉았다. 주인이 말했다.

"등불을 켜."

바보가 말했다.

"감사절 축제를 하기 좋은 즐거운 집이군요."

"정말 놀라워. 그들이 어떻게 빠져 나갔을까? 다시 한 번 해보자."

그들은 고래 뼈 널빤지 몇 개를 가지고 들어왔다. 그것들은 말라붙은 피로 뒤덮여있었다. 정말 끔찍했다.

"등불을 꺼."

그들은 등불을 껐다. 그리고 다시 같은 장소에 숨었다. 주인은 다시 춤을 추었다. 그러자 고래 뼈 널빤지가 "삐그덕, 삐그덕" 소리를 냈다. 만약 그 사람들이 그 널빤지 위에 있었다면 고래 뼈 널빤지에 베어 쓰러졌을 것이다.

주인이 다시 불렀다.

"손님들은 어디 있지?"

그들은 아까 있던 자리에 앉아있었다.

"우리 여기 있어요!"

"오, 놀랍군."

바보가 다시 말했다.

"이런! 하지만 감사절 축제를 하기엔 아주 즐거운 집이군요."

"또!"

그들은 다시 등불을 껐다. 그리고 그들은 구멍 가까이로 다가갔다.

그러자 투석기가 침실 주위에 돌을 던지기 시작했다. 그래서 턱뼈집이 흔들렸다. 주인은 다시 춤을 멈추었다. 그들은 아까 있던 자리에 앉아있었다.

"손님들은 어디 있지? 아마도 지금쯤이면 (그들이 죽었을 거야)."

"우리 여기 있어요."

"정말 놀랍군. 등불을 켜!"

등불이 켜지자 바보가 다시 말했다.

"감사절 축제를 하기에 정말 즐거운 집이군요. 우린 정말 즐거워요."

"이봐, 해양족 여자를 무도회에 데려와."

그들은 그녀를 데려왔다.

"등불을 꺼."

늙은 여자는 춤을 추었다. 그들은 돌 아래 숨었다. 턱뼈집이 한 쪽으로 흔들렸다. 심지어는 땅이 한쪽으로 뒤틀리기까지 했다. 이때 바보가 머리를 부딪쳤다. 그러자 주인이 다시 말했다.

"그만! 등불을 켜."

그들이 나타났다. 바보의 머리가 피로 덮여 있었다. 그러자 막내가 말했다.

"이제 우리 차례예요. 들어보세요. 그리고 등불을 꺼주세요."

그는 축제 무도회에서 춤을 추기 시작했다. 그러자 큰 돌이 산에서 턱뼈집 안으로 굴어 들어왔다. 그리고는 고래 갈비뼈로 만들어진 모든 기둥을 부수어버렸다. 엄청나게 큰 소리가 났다. 돌은 천둥처럼 주위를 굴러다녔는데, 천둥보다 훨씬 더 가까웠다.

"그만해요! 그러다가 아이들 머리도 치겠어요."

돌은 계속 굴러다녔다. 그리고 축제를 연 그 힘센 사람에 대해 말하자면, 집안을 굴러다니던 돌들이 그의 뼈도 부수어 놓았다. 그도 죽었다.

그러자 이웃의 작은 노인이 외쳤다.

"이제 사람들이 사냥감 약탈에서 완전히 해방될 것이다."

왜냐하면 이 사람이 그의 이웃들에게서 식량을 모두 약탈하고 있었기 때문이다.

사람들은 매우 기뻐했다. 형제들은 살인을 그만 두었다. 노인이 말했다.

"가는 길에 해변에 큰 띠무늬물범이 있소. 몸통의 반이 물 밖에 나와 있소. 그것을 멀리서 지나치지 말고, 아주 가까이 가서 그 코끝을 지나가시오. 만약 멀리에서 지나간다면 그것이 여러분을 죽일거요. 그것을 지나 더 가면 바닷가에 어린 바다표범이 몸통의 중간까지 물 밖에 나온 상태로 누워 있소. 그것은 건드리지 말고 그냥 지나가시오. 그것을 지나면 어린 띠무늬물범을 보게 될거요. 그것은 먹어도 돼요."

그들을 길을 떠났다. 첫 번째 띠무늬물범의 코 끝 가까이 지나갔다. 그리고 어린 바다표범을 보았다. 바보 형이 말했다.

"너무 배고파. 이것을 죽여도 된다면 좋겠어."

막내가 말했다.

"욕심 내지마."

"너무 배가 고파서 그래."

"형은 그 탐욕스러운 아래턱을 잠시도 가만 두지 못하는 사람이야."

그들은 그것을 지나쳐 갔다. 그러자 어린 띠무늬물범이 보였다. 그들은 그것을 잡아 고기를 먹었다. 바로 그 후 그들은 강을 내려오고 있는 사람을 보았다. 이 사람은 그들이 도중에 지나온 첫 번째 띠무늬물범의 주인이었다. 그가 물었다.

"도중에 아무것도 못 봤소?"

"아무것도 못 봤어요."

"오! 그것이 눈에 띄지 않았군."

그들은 다시 출발했다. 이번에는 거대한 새를 만났다. 그것은 바닷가에 웅크리고 앉아 있었다. 그들은 물 쪽으로 돌아 그것을 지나갔다. 아주 먼 거리에서 지나가고 있을 때, 그 새는 목을 뻗어 그들을 배와 함께 삼켜버렸다. 그들은 너무 무서웠다. 그들은 정령들에게 집에 있는 털이 하얀 개를 바치겠다고 약속했다. 그들은 새의 항문을 통해 밖으로 무사히 나올 수 있었다. 다만 머리카락이 빠져서 대머리가 되었다.

그들은 다시 길을 떠났다. 땅을 파고 있는 생쥐 인간 몇 명을 만났다. 그들은 땅을 파서 지하에 집을 만들어 그곳에서 밤을 지냈다. 한 늙은 생쥐 여인이 자고 있었다. 바보 형이 말했다.

"목이 말라. 집에 들어가서 뭘 좀 마셔야겠어."

막내가 말했다.

"가. 하지만 바보 같은 짓은 하지 마."

그는 집에 들어가서 늙은 여인을 보았다. 그녀는 눈을 감고 있었고, 그에게 인사를 하지 않았다. 바보는 한동안 거기 서 있었다. 그는 늙은 여인 가까이 갔다. 그는 그녀의 코를 향해 성기를 꺼냈다. 그러자 그녀가 몸을 일으켜 냄새를 맡고는 혼잣말을 했다.

"어디에서 남편 냄새가 나지?"

그녀는 움직이면서 주위의 냄새를 맡았다. 바보 형은 집을 나가면서 몰래 웃었다.

"누가 나를 (사람들의) 웃음거리로 만든 거지?"

그녀는 그의 낮은 웃음소리를 들었다. 그리고는 말했다.

"그 놈의 성기가 길어져라."

바보 형은 배로 갔다. 그의 성기가 매우 빨리 자라서 바지 안에 가득 차게 되었다.

막내 동생이 그에게 잔소리를 했다.

"바보 같은 짓 하지 말랬잖아."

"난 장난 안했어. 그냥 인사도 안하는 늙은 여인을 보았을 뿐이야.

내가 그녀의 코 쪽으로 성기를 꺼냈지. 그녀가 냄새를 맡더니 '어디서 남편 냄새가 나지?'라고 했어. 그래서 내가 나오면서 조금 웃었어. 그녀가 '누가 나를 웃음거리로 만들었지? 그 놈의 성기가 길어져라.'라고 했어."

"저런! 빨리! 출발하자."

배가 곧 그의 성기로 가득 찼다. 그들은 그것을 잘라냈지만, 남아 있는 부분이 다시 계속 자랐다. 그들은 집으로 가고 있었다. 막내 동생은 샤먼이었다. 막내는 장난기 많은 그 늙은 여인에게 말했다.

"늙은 여인이여! 당신의 다리 사이에 무엇인가 밀어 넣어라."

그러자 늙은 여인은 땅위에 옷을 벗고 내려 앉아 음부를 이리 저리 밀어대기 시작했다. 그녀는 음문에 나무 조각을 밀어 넣고 죽었다.

그들은 집에 왔다. 그들은 털북숭이 개를 공터로 데리고 나가 잡았다. 그들의 아내들은 나이 들어 늙었다. 바보는 배에서 내릴 때 거의 창백해져 있었다. 성기를 계속 잘라냈기 때문이다.

그들을 땅에 오르자마자 자러 갔다. 그들은 돌로 변해서 다시는 깨어나지 않았다. 이제 끝. 바람이 죽었다.

해양 축치족 리케우기가 들려준 이야기, 마린스키 포스트, 1900년 10월.

12. 거인이 데려간 아이들

어느 날 한 남자가 고래사냥을 하고 있었다. 그는 고래를 많이 잡았다. 그들은 가죽배를 타고 떠났다. 두 아이가 바닷가에서 놀고 있었다. 하나는 여자 아이이고, 하나는 남자 아이였다. 아버지는 고개를 사냥하고 있었다.

한 사람이 카누를 타고 거기로 왔다. 그는 매우 컸다. 그가 그들에게 말했다.

"너희 아버지가 가서 애들을 데려오라고 하셨단다."

그의 노는 매우 컸다. 그는 아이들의 오른쪽 앞에서 노를 가지고 해변을 걸어갔다. 그가 아이들에게 말했다.

"여기 내 노 위에 앉아라."

아이들이 노 위에 앉았다. 그러나 그가 아이들을 속인 것이었다.

그는 아이들을 카누에 태우고 바다 한 가운데로 데려 갔다. 마침내 턱뼈집이 보였다. 그것은 오랫동안 사람이 살지 않은 채 버려진 것이었다. 그는 아이들을 거기에 데려다 놓고, 구멍을 틀어 막았다. 아이들은 어둠 속에 남겨졌다.

어린 남동생이 울기 시작했다. 어린 누이가 남동생을 달래 재우려 했다. 목이 말랐다. 먹을 것도 없었다. 어린 누나는 손으로 주위를 더듬어 낡은 장화 밑창을 발견했다. 이것을 어린 동생의 입에 조금 넣어 주었다. 그러자 턱뼈집이 서리로 허옇게 되었다. 점점 더 추워졌다. 누나는 계속 남동생을 흔들었다. 남동생은 결국 잠이 들었다.

누나는 노래를 했다. 노래를 하자 작고 밝은 구멍이 높은 곳에 나타났다. 그것이 가까워지더니 점점 더 커졌다. 누나는 남동생을 깨워서 동생을 먼저 집 밖으로 내보냈다. 둘 다 빠져나오니 갑자기 출구가 사라졌다. 그들은 주위를 둘러보았다. 집 밖이었다. 주위는 광야였다.

아이들은 갈매기 여행자 몇 명을 만났다.

"우리도 데려가 주세요."

"뒤에 있는 자들에게 너희들을 데려가 달라고 해라."

정말 두 갈매기가 뒤에 오고 있었다. 아이들이 다시 말했다.

"우리도 데려가 주세요."

그들이 말했다.

"우리가 너희를 데려가마."

그들은 아이들을 데려갔다.

아이들의 아버지가 아이들이 놀던 곳에 가서 아이들을 보고 말했다.

"너희들 어디 갔다 온 거니? 어떻게 된 거야?"

"어떤 카누-노가 우리를 데려 갔었어요. 그가 '너희 아버지가 너희를 데려 오라고 했다'고 말했어요."

아버지는 아이들에게 계속 입을 맞추었다. 아이들이 말했다.

"갈매기들이 우리를 데려왔어요."

그들은 저장실에 가서 비계를 많이 가져왔다. 그것을 갈매기들에게 감사의 선물로 주었다. 아버지는 바닷가에서 비계가 든 큰 자루 하나를 찢었다. 갈매기들은 비계를 배불리 먹었다. 그리고 그들은 한 아이에게는 황토를 발라 주었고, 다른 아이에게는 흑연을 발라주었다. 황토를 바른 아이는 살고, 흑연을 바른 아이는 죽었다. 끝.

해양 축치족 코티르긴이 들려준 이야기, 미스콴 마을, 1900년 11월.

13. 큰까마귀와 소녀들

어느 날 어린 여자 아이들 일행이 바닷가에서 작은 바다표범을 발견했다. 그때 큰까마귀가 그들을 보았다. 아이들은 작은 바다표범을 몸 아래 숨겼다.

"그게 뭐니?"

"나무 조각이에요."

"그런데 그것이 수염이 있구나."

"이건 수염 난 나무 조각이에요."

"그것에 눈도 있구나."

"눈이 있는 나무 조각이에요."

"발도 있구나."

"발이 달린 나무 조각이에요."

그러자 큰까마귀는 아이들을 밀쳐내고 바다표범을 빼앗아 집으로 가져갔다. (큰까마귀와 함께 사는 이들은) 바다표범의 가죽을 벗기고 저녁을 먹은 후 자러 갔다. 요리된 고기가 솥에 조금 남아있었다. 어린 소녀들이 밤중에 와서 그 고기를 먹어치웠다. 그리고 솥에 똥을 누었다.

잠시 후 큰까마귀가 잠에서 깨어 자고 있는 그의 아내에게 말했다.

"이봐, 나 배고파. 요리한 고기 좀 줘."

아내는 눈을 감은 채 솥에 손을 뻗어 똥을 잡았다.

"이런, 똥이잖아."

소녀들은 밖에 있었다. 큰까마귀는 옷을 입고 아내를 불렀다.

"내 활을 줘. 화살도 줘."

그러나 그것은 단지 불 송곳(fire-drill)과 그 화살에 불과했다.

소녀들이 달아났다.

"할아버지, 할아버지! 우리가 이를 잡아 줄게요. 우리가 할아버지

이를 잡아 줄게요."

"그럼 난 손녀들에게 뭘 해줄까?"

그들은 할아버지의 몸에서 이를 잡았다. 큰까마귀가 잠들자 소녀들은 그의 항문 아래에 방광을 묶었다. 그리고는 그를 깨웠다.

"일어나세요. 저쪽 마른 좋은 곳에서 똥을 누어야 돼요."

그는 이 말을 듣고 똥을 누었다. 똥이 방광으로 똑, 똑 떨어졌다. 그는 돌아서서 아무 말도 하지 않았다.

그는 집으로 가서 아내에게 말했다.

"정말 이상해. 내가 저기에 똥을 누었는데, 내 똥이 보이지 않아. 떨어지는 소리가 났는데."

"글쎄요, 이쪽으로 돌아봐요."

그의 항문에 방광이 달려 있었다.

그는 다시 말했다.

"내 활을 줘. 내가 그 애들을 쏘아 버릴거야. 내 화살을 줘."

그는 소녀들을 찾아갔다.

"할아버지, 할아버지! 설사 똥 좀 드세요."

"싫다."

"그럼 우리가 할아버지 이를 잡아줄게요."

"그럼 나는 손녀들에게 뭘 해주지?"

그는 화살을 멀리 던져 버리고 다시 잠이 들었다. 소녀들은 이를 잡고 나서 큰까마귀가 자도록 했다.

이번에는 소녀들이 큰까마귀의 눈 위에 붉은 술을 묶어 놓았다. 그리고는 그를 깨웠다.

"저기 가서 집을 봐요."

큰까마귀가 집을 보고 울기 시작했다.

"저런! 집이 불타고 있어."

그의 아내가 밖으로 나와 집 주위를 돌아다녀 보았지만 아무것도 없었다.

"여기 와서 봐요. 당신 눈에 그것들이 매달려 있어요."

그는 다시 화가 나서 소녀들을 불렀다.

"할아버지, 할아버지! 우리가 할아버지 이를 잡을게요. 이를 잡을게요."

소녀들은 이를 잡았고 할아버지는 자러 갔다.

그다음 소녀들은 그의 얼굴에 문신을 했다. 그리고 그를 깨웠다.

"일어나세요. 이 깨끗한 물을 마셔요."

그는 물속에서 문신이 그려진 자신의 얼굴을 보았다.

"그렇지. 나는 너랑 결혼할거야."

그런데 여자는 없었다. 자신의 몸과 문신한 얼굴을 보고 말한 것이다.

"내가 천막을 가져올게. 응?"

그는 자신에게 말했다.

"그녀도 찬성이야. 그녀도 찬성했다고."

그는 집으로 가서 천막을 해체하기 시작했다. 그의 아내가 말했다.

"뭐하는 거예요?"

"조용히 해."

"그건 당신 자신의 얼굴일 뿐이에요. 문신이 그려져 있다고요."

"이런, 질투하는군. 당신이 질투하는 거야."

"정말 당신 얼굴에 문신이 그려져 있다니까요."

"당신 뭘 원해? 뭘 원하느냐고?"

그는 돌망치와 납작한 돌 모루를 가지고 갔다.[17] 그는 다시 가서 물을 들여다 보았다.

"당신 여기 있군."

---

17) 이것들은 축치족 가정의 부속물들이다.

그러나 그것은 자신의 얼굴이었다. 그는 납작한 돌을 내려놓았다. 그것이 가라앉았다. 그다음은 돌망치도 내려놓았다. 그것도 가라앉았다.

"나는 순록 부족의 아내와 결혼했어. 그녀가 그것들을 받아들였어."

이제는 기둥을 물에 내려놓았다. 그것들은 물 위에 떴다.

"그녀가 이것들은 거부하는군. 이제 천막 덮개다."

그것은 시냇물에 떠내려갔다.

"이제는 내 차례군."

그가 물속에 들어가자 머리가 빙빙 돌더니 그도 물 위에 떴다. 물살이 그를 강을 따라 떠내려 보냈다.

"오, 하늘이 움직이네."

그러나 그것은 그가 떠내려가는 물살이었다.

"이런, 이런! 하늘이 수영을 하고 있네."

그는 물에 빠져 죽었다.

해양 축치족 코티르긴이 들려준 이야기, 미스콴 마을, 1900년 11월.

14. 큰까마귀 쿠우르킬 이야기[18]

옛날에 쿠우르킬의 (젊은) 딸이 있었다. 그녀의 아버지는 구혼자들을 공식 초청했다. 각지에서 온 구혼자들이 모두 모였다. 늑대, 오소리, 곰, 야생 순록, 생쥐, 여우가 왔다.

산토끼들도 이 소식을 듣고 말했다.

"우리도 가서 구혼자가 되자."

산토끼중 하나가 말했다.

"아니, 안 돼! 나는 썰매가 없어."

"그래도 해봐."

그들은 찬성했다.

그들은 그 장소로 갔다. 구혼자들의 활쏘기 시합 표적으로 지팡이가 세워져 있었다. 구혼자들이 활을 쏘기 시작했다. 늑대가 쏘았지만 표적을 맞추지 못했다. 그 다음은 오소리가 쏘았지만 맞추지 못했다. 여우도, 생쥐도 맞추지 못했다.

산토끼가 풀 화살을 쏘아서 지팡이를 맞혀 쓰러뜨렸다. 그들은 누가 가장 힘이 센지 보려고 다투었다. 모두가 말했다.

"그녀에게 내 썰매에 제일 먼저 타라고 하세요."

늑대가 말했다.

"먼저 나와 함께 타게 해주세요."

그러나 썰매가 부서졌다.

그 다음으로 오소리가 말했다.

"저런, 이번에는 나와 함께 타요."

이번에도 썰매가 부서졌다. 산토끼도 말했다.

"나와도 함께 타요."

---

18) 큰까마귀의 신화적 이름이다. 이것은 지역에 따라 쿠르킬, 쿠우르킬, 큐우르킬, 큐우르퀼 등으로 달리 발음된다.

산토끼의 썰매는 풀로 만들어진 것이었다. 그녀가 쿵하고 앉았지만 썰매는 부서지지 않았다.

그래서 산토끼가 그녀와 결혼했다. 산토끼는 그녀를 집에 데려갔다. 그들은 산토끼의 어머니에게 갔다. 어머니는 쌓여있는 눈 더미 밑에서 살고 있었다. 집이 없었던 것이다.

"제가 여자를 데려왔어요."

그러자 어머니가 노래하기 시작했다.

"낯선 이의 딸이 쌓인 눈 밑에 있다네."

아들이 말했다.

"이제 제가 집을 찾을게요."

그는 작은 언덕을 발로 찼다. 그러자 집으로 변했다. 작은 버드나무 가지 몇 개를 발로 차니 썰매 행렬이 되었다. 자라다만 검은 버드나무 관목을 차니 순록 떼로 변했다.

산토끼가 어머니에게 돌아와서 말했다.

"이제 우리 집에 가요."

그들은 집으로 갔다. 시어머니가 쿠우르킬의 딸에게 말했다.

"눈을 감고 들어가거라."

그녀는 눈을 감고 들어갔다. 시어머니가 말했다.

"위를 봐라."

그녀는 위를 보았다.

안쪽 방은 흰 가죽으로 되어있었다. 염주, 귀걸이, 목걸이 등 온갖 종류의 값진 물건들이 안쪽 방 여기저기 걸려있었다.

쿠우르킬의 딸이 아이를 낳았다. 그녀는 부모가 보고 싶어서 아버지를 방문하러 갔다. 쿠으르킬이 나와서 아내에게 말했다.

"우리 딸을 본 것 같아."

아내는 말했다.

"우리 딸이 어떻게 여기 올 수 있겠어요?"

"하지만 난 분명 그 애를 보았어."

어머니도 한쪽 소매를 늘어뜨린 채 밖으로 나왔다.[19] 그들은 집에 들어갔다.

여자의 남동생, 쿠우르킬의 아들이 밖에서 산책을 하고 집에 돌아왔다. 아버지가 말했다.

"우리 사위가 여기 왔다. 먹을 것으로 뭘 주지?"

아들이 말했다.

"알았어요. 제가 가서 구해 올게요."

그는 오래된 야영장으로 갔다. 거기에서 이가 너무 많아서 죽은 강아지를 발견했다. 그 강아지는 매우 야위었다.

그가 집에 돌아오자 아버지가 말했다.

"어때?"

말라빠진 작은 강아지뿐이었다. 쿠우르킬이 말했다.

"사위가 배고프니 그를 위해 고기를 좀 준비해."

요리를 했지만 산토끼는 아무 것도 먹을 수가 없었다. 먹기가 거북했다.

큰까마귀가 말했다.

"이상하군. 그러면 내가 직접 가야겠다."

그도 순록 사람들의 오래된 야영장에 갔다. 거기에서 설사로 흘러나온 똥을 조금 발견했다. 그것을 집에 가져왔다.

"어쨌든 이것이 삼키기는 좀 더 쉬워."

사위는 화가 나서 비난하기 시작했다.

"도대체 뭘 가져온 거예요. 이걸 어떻게 먹어요."

그는 거북스러움을 느꼈다.

"우린 그런 것은 먹지 않아요."

---

19) 축치족 여자들 사이에 흔히 있는 일이다.

그들은 가버렸다. 다음날 아침 장인이 그들을 방문하러 갔다. 그가 갔을 때, 그들은 막 천막을 옮기려 하고 있었다. 천막은 이미 해체되어 있었다. 사위가 말했다.

"야단났군요. 우리는 떠나려고 하는데 하필이면 이런 때에 오시다니요. 어제 오실 수는 없었나요. 어쨌든 장인어른을 위해 잡을 순록은 있어요."

장인이 말했다.

"자네가 떠나면 내가 직접 그것을 잡겠네."

그들이 출발할 준비가 되자 그는 순록을 잡았다. 그는 봄에 죽은 살찐 암컷의 새끼를 죽였다. 사위가 말했다.

"제가 장인어른을 위해 그것을 날라 드릴게요."

그가 말했다.

"아니네. 내가 직접 운반하겠네."

그들은 짐마차 행렬과 함께 떠났다. 그들이 시야에서 사라지기도 전에 쿠우르킬은 먹기 시작했다. 그는 하루 종일 오랫동안 순록 시체를 쪼아 먹었다.

그런 후 그는 순록 시체 옆에서 밤을 보냈다. 먹으면서 그는 시체 위에 똥을 누기도 했다. 아들이 그를 보러 왔다가 그의 행동을 보았다.

"뭐하세요?"

"피곤하구나. 지금까지 일했다."

"제가 썰매를 끌고 올게요."

아들이 썰매를 가지러 갔다. 그는 집에 가서 어머니에게 말했다.

"어머니 남편이 순록 시체를 통째로 똥으로 만들었어요."

어머니가 말했다.

"아버지는 혼자 빈손으로 올 거야."

아들이 썰매를 끌고 아버지에게 갔다. 큰까마귀가 말했다.

"너 왔니?"

그는 순록을 거의 다 먹어치웠다.

"순록 사체는 어디 있어요?"

"저기."

"저거요?"

그들은 집으로 갔다. 큰까마귀가 아내를 불렀다.

"미티!"

그녀는 주의를 기울이지 않았다.

"내가 순록을 죽였어."

그녀는 여전히 귀담아 듣지 않았다.

"당신은 기쁘지 않아?"

그러자 아내가 말했다.

"내가 무엇 때문에 기뻐해요?"

"여기, 내가 잡아온 순록이야."

"뭔 순록이요?"

"새끼를 낳지 않은 암컷이야."

"뼈만 갖고 왔군요."

"여기를 봐. 나와 봐. 살찐 흰 놈이야."

사실 그것은 순록 사체 위에 허옇게 덮인 그의 똥이었다.

"그건 똥으로 뒤덮인 뼈 같은데요."

갑자기 큰까마귀는 부끄러움으로 인해 당황해서 죽은 것 같았다. 더 정확히 말하면 그는 죽은 척 한 것이었다. 그의 아내는 그를 장례 장소로 데려가서 오래된 턱뼈집 안에 놓아두고 집으로 돌아갔다. 그들이 집에 가자마자 그도 가버렸다. 그는 순록 사람들에게 갔다. 그는 성기를 잘라서 바늘집을 만들었다. 고환으로 골무를 만들고, 음모로 바늘을 만들었다. 그는 순록 사람들 사이에서 남편감을 찾았다. 그는 그의 물건이 들어있는 바늘집을 그가 앉은 곳 위에 매달아 놓았다. 그리고 다른 여자가 가까이 오자 소리쳤다.

"조심해요. 당신이 내 바늘을 부러뜨리겠어요."

그들을 그것을 바라보았다. 바늘집은 사실 그의 성기였다.

바로 그 시간, 그가 버린 아내는 집에서 울고 있었다. 작은 여우가 여자를 방문했다. 여우가 말했다.

"무슨 일이에요?"

"내 남편이 죽었어요."

"뭐라고요? 그가 순록 사람들에게서 남편을 얻은 것 같아요."

그리고 여우가 계속했다.

"순록을 좀 만들어요. 똥으로 순록을 만들어요. 똥으로 썰매도 만들어요. 이것을 만들어 가요. 분명히 그녀는(즉 큰까마귀가 여자로 변했다) 한쪽 소매를 늘어뜨리고 나올 거예요. 그녀는 새로 온 사람들을 매우 좋아해요. 그래서 그들이 당신에게 어디가냐고 물으면, 당신은 그냥 '쿠우르킬이 죽었어요. 지금 나는 그의 아내, 쿠우르킬의 아내에게 청혼하러 가요'라고 하세요. 그리고 '나는 갑니다'라고 말하세요."

쿠우르킬의 아내는 집에 가서 여우가 시킨 대로 했다. 그러자 여우가 다시 그녀를 찾아와서 말했다.

"머리카락이 있는 남자의 머리를 흉내 내서 만드세요. 그것을 당신 베개 바깥쪽에 당신 옆에 놓아두세요. 밤이 오면 거기에 내려놓으세요. 그러면 오늘 아주 잠깐 동안 한쪽 소매를 늘어뜨린 당신의 남편이 보일 거예요. 그가 올 거예요."

밤이 오자 쿠우르킬은 질투가 나서 잠을 이룰 수가 없었다. 그는 격해져서 나가고 싶어졌다. 그들은 그를 잡아둘 수 없었다. 그는 집을 나가 아내에게 와서 불렀다.

"여보, 미티!"

그녀는 대답하지 않았다.

"여보, 미티!"

"이런!"

"나 다시 살아났어."

"오, 그래요?"

"당신 누구와 자고 있어?"

"청혼자가 왔어요."

그녀는 여우가 가르쳐준 대로 말했다.

"내가 돌아왔어. 내가 다시 살아났다고."

그러자 여자가 말했다.

"내가 바로 얼마 전에 당신을 본 것 같아요. 당신이 한쪽 소매를 늘어뜨리고 나왔어요."

그는 또 창피해서 죽었다. 이번에는 진짜였다. 그는 정말 죽었다. 창피해서 죽어서 굴러 떨어졌다. 끝.

해양 축치족 코티르긴이 들려준 이야기, 미스콴 마을, 1900년 11월.

15. 리밀린 루뭉일(일부다처 이야기)

옛날에 부인을 여럿 둔 사람이 살았다. 그가 아내들에게 말했다.

"당신들 중 한 명은 모피 셔츠를 만들고, 나머지는 바지를 만드시오. 모두 하얀 색으로."

아내들이 옷 만들기를 끝내고 모두 밖에 나갔다. 달이 기울었다. 그러자 그 사람이 달아났다. 아내들은 바라보고 있었다. 그는 아내들 앞에서 몸을 웅크려 납작하게 만들었다. 아내들이 그를 찾아보았지만 찾지 못했다.

아내들은 집에 들어갔다. 그는 바람이 불어오는 동쪽으로 떠났다. 그러다가 많은 켈레를 만났다. 그가 걸어가고 있을 때, 켈레 하나가 낚싯대를 들고 낚시를 하기 시작했다. 곧 작은 아이 하나를 낚아 올렸다. 그것은 사람 아기였다. 켈레는 그것을 끌어 올렸다. 아기가 울었다.

"응애, 응애, 응애!"

그 사람이 헛기침을 했다. 켈레가 말했다.

"오, 손님이 왔군."

"그렇소."

"우리 집에 갑시다. 당신이 먼저 가시오.

"어떻게 내가 먼저 갈 수 있소? 나는 길을 몰라요. 집 주인이 먼저 가야죠."

"그렇군요."

켈레가 먼저 갔다. 그들은 집으로 갔다.

"들어와요."

"우리들 집에서는 아내에게 좋은 가죽 침구를 펴라고 말하는 관습이 있어요."

"알았어요."

켈레가 집에 들어가서 아내에게 말했다.

"내가 저것을 데려왔어. 당신은 고기 잡는 칼을 갈아."

그사이 남자는 집구석으로 도망가 흰색 천을 뒤집어썼다.

켈레가 왔지만 그 사람은 보이지 않았다. 그는 땅에 몸을 대고 납작하게 만들었다. 켈레가 아내를 나무라기 시작했다.

"나빠! 사냥감이 가도록 내버려뒀어. 아주 좋은 사냥감인데."

그 사람은 다시 길을 떠났다. 그는 또 마을을 발견했다. 이번에는 진짜 사람이 사는 마을이었다.

한 남자가 나왔다. 그는 그 사람 바로 옆에 멈추었다. 그러나 그 사람은 그를 전혀 볼 수 없었다. 그 사람이 소변을 봤다. 그리고 말했다.

"달이 기울고 있군."

손님이 말했다.

"정말 그러네요."

"이런, 손님이요?"

"예."

"당신 사람이에요?"

"예. 사람이 아닌 건 당신인 것 같네요. 당신은 켈레요."

"정말 우린 아니에요."

"그럼 집에 들어갑시다."

"그런데 우리 이웃에 진짜 켈레가 있어요. 그 켈레가 당신을 데려갈 겁니다."

그들은 침실로 들어갔다. 그들이 식사를 하기 전에 켈레 여자가 들어왔다.

"이봐, 나는 당신을 데려가려고 왔어. 당신은 나와 결혼해야 돼."

그녀는 그를 자기 집으로 데려 갔다. 입구에는 불곰과 북극곰이 묶여 있었다. 그들이 집에 들어가기 전에 괴물들이 남자에게 달려들었다. 켈레 여자가 괴물들에게 말했다.

"어허! 주인님이야."

그들은 누워서 성교를 했다. 갑자기 뒤쪽 벽에서 늙은 여자가 나타났다. 그녀는 도살용 칼을 가져왔다. 켈레 여자의 어머니였다. 이 늙은 여자는 도살용 칼을 가지고 남자에게 다가왔다.

그녀가 그의 머리를 치려고 했다. 그는 자는 척했다. 그녀는 매우 재빨랐다. 다시 사라졌다. 그는 잠이 깬 척하며 켈레 여자에게 말했다.

"내가 꿈을 꾸었어요. 어떤 늙은 여자가 있었는데, 나를 거의 죽이려 했어요."

여자가 말했다.

"저런! 또! 뭐하는 거예요? 나는 이 사람을 남편으로 삼고 싶어요."

그들은 다시 잤다. 켈레 여자는 아주 깊이 잠들었다. 남자는 그녀를 눕히고 그녀의 옷으로 갈아입었다. 그는 여자의 옷을 뒤집어쓰고 자신의 모피 셔츠를 그녀에게 덮어 놓았다. 그리고 다시 자는 척했다. 그는 칼을 준비해 가지고 있었다. 늙은 여자가 다시 뒤쪽 벽에서 나타났다. 그녀는 갑자기 자신의 딸에게 달려들어 자고 있는 그녀의 머리가 떨어져 나가도록 내리쳤다.

바로 그 때 남자가 칼로 늙은 여자를 찔렀다. 그녀의 머리 역시 떨어져 나갔다. 그는 자기 옷을 입고 두 개의 머리를 모두 가지고 나와서 곰들에게 던져 주었다. 곰들이 그 머리들에 달려드는 순간 그는 빠져나왔다. 그가 묵었던 집주인에게 갔다.

"오, 왔군요."

"예."

그러자 늙은 남자가 소리쳤다.

"이제부터 사람들은 이전과는 완전히 다르게 다니게 될 거다."

그는 길을 떠났다. 그는 여행을 하다가 늙어 죽었다. 끝.

해양 축치족 코티르긴이 들려준 이야기, 미스칸 마을, 1900년 11월.

16. 달과 켈레와 결혼한 여자

집이 한 채 있었다. 거기에 남편에게 버림받은 인간 여자가 살고 있었다. 그녀는 굶주렸고, 굶주림에 지친 나머지 네발로 기어 다니게 되었다. 그녀는 너무 배가 고팠다. 그러다가 집을 발견하고 거기에 들어가 둘러보았다. 다 만들어진 옷들이 걸려 있었다. 접시는 기름으로 가득 차 있었다. 그녀는 그것을 먹었다. 그녀는 다 먹고 밖으로 나갔다.

광야에서 한 남자가 산책을 하고 있었다. 그는 달(달 속의 사람)이었다.

"정말 이상하군. 누가 와서 기름을 먹었을까? 한 접시 가득 있었는데 없어졌네."

다음날 아침 그는 다시 나갔다. 그는 장화를 바꿔 신고 다른 옷들을 입었다. 그러나 아내라고는 보이지 않았다. 그가 집을 나가자마자 여자가 왔다. 그리고 또 기름이 있는 것을 보았다. 그녀는 그것을 많이 먹고 기분이 아주 좋아졌다.

남자가 집에 돌아왔다.

"이런, 정말 이상하군! 누가 그렇게 많은 음식을 훔쳐갔을까? 그렇다면 내일 아침에는 내가 집에 남아 있어야겠어. 산책하러 가지 말아야지."

정오가 되었다. 그러자 여자가 다시 나타났다. 그녀는 집에 들어와 음식을 만들었다. 그녀가 막 먹으려할 때 그가 그녀를 붙잡았다.

"안돼요. 놔줘요."

그녀는 버둥거렸다.

"당신이었군."

"이거 놔요, 놔. 보내줘요."

"가만히 있어. 해치지 않을게. 묻고 싶은 게 있어. 당신은 왜 헤매고 다니는 거지? 주인 없어?"

"없어요."

"어째서?"

"남편이 나를 버렸어요. 난 버림받고 굶주렸어요."

"이 집안에서 아무것도 못 봤어?"

"아무것도 못 봤어요."

"그럼 내가 당신과 결혼하지."

그는 그녀와 결혼했다. 그는 다시 나갔다가 저녁에 돌아왔다. 그는 아내에게 말했다.

"안쪽 방에서 나오지 마. 우리 둘 다 들어가서 내 장화만 외부 천막 밖으로 던져."

그녀는 장화를 밖으로 던졌다. 그 즉시 요리된 음식이 가득 담긴 접시가 저절로 나타났다. 그들은 먹고 나서 접시를 밖에 두었다. 여자가 아침에 잠이 깨어 접시 쪽을 보았다. 깨끗하게 잘 정돈되어 있었다.

그는 가서 야생 순록을 잡았다.

"내일 감사절 축제를 열거야. 마법 현악기를 직접 나르지 마."

그들은 축제를 위해 야생 순록을 준비하러 갔다. 마법 현악기는 이미 거기에 있었다.

그들은 잠을 잤다. 아침에 일어나서 그는 또 나갔다. 그녀는 속으로 생각했다.

"왜 남편이 '저 가방을 열어보지 말고 그냥 둬. 그 속에 뭐가 있는지 엿보지 마. 이건 명령이야'라고 했을까?"

그가 나가자마자 아내는 가방을 열어 보았다. 거기에는 다른 여자가 앉아 있었다. 그 여자의 얼굴은 반반이 서로 다른 모습이었다. 반은 검은 색이고, 나머지 반은 빨간 색이었다. 아내가 소리를 냈다.

"프르!"

그 여자가 올려다보더니 갑자기 쓰러져서 죽었다. 물론 아내는 너무 무서워서 가방을 닫았다. 남편이 집에 왔다. 그들은 집에 들어갔다. 그녀는 남편이 화를 낼까봐 두려워서 아무 것도 말하지 않았다. 그녀는 외부천막 밖으로 장화를 던졌다. 그러나 접시를 기다리는 것은 헛된 일이었다.

그러자 남편이 침실 덮개 밑으로 머리를 내밀고 말했다.

"이상하네. 그녀가 어디 있지? 당신 정말 가방을 열어보지 않았어?"

"열어보지 않았어요."

"그럼 그녀가 어디 있지? 이봐, 사실대로 말해."

그러자 그녀가 말했다.

"내가 그 여자를 봤어요. 그 여자는 나를 보지 못했어요. 내가 입으로 소리를 냈어요. 그랬더니 그녀가 쓰러졌어요."

"당신 정말 이상하군. 왜 내 말을 듣지 않은 거야? 당신 남편이 아무 이유없이 당신을 버린 게 아니로군. 내 북을 줘."

그는 북을 쳤다. 그러자 다른 여자가 다시 살아났다. 다만 그녀는 매우 화가 나서 있는 힘을 다해 접시를 던져 넣었다.

다음날 아침 일어나서 그는 여자를 돌려보냈다. 그가 말했다.

"당신 남편이 괜히 당신을 버린 게 아니었어. 당신 집이 있잖아. 당신을 데려다 줄게."

그는 그녀를 그녀의 아버지에게 데려갔다. 그리고 장인에게 말했다.

"나는 저 여자를 감시할 수 없어요."

그들은 그녀를 지구 남자와 결혼시키고 싶어 했지만 그녀가 거부했다. 아버지가 말했다.

"넌 누구와 결혼할거니? 켈레와 결혼할거야?"

다음날 그녀가 밖에서 걷고 있을 때 한 남자가 그녀에게 다가와서 말했다.

"이봐요, 우리 집에 갑시다."

"싫어요."

"당신 아버지가 당신과 결혼하라고 나를 초대했어요."

그는 그녀를 자기 집에 데려갔다. 그 집은 돌로 된 것이었다. 집안에는 벌레가 있었다. 이 남자는 벌레를 먹고 살았다.

여자는 역겨움을 느꼈다.

"당신은 왜 먹지 않소?"

"우린 저런 것은 안 먹어요."

"그럼 당신은 뭘 먹어?"

"우린 고기를 먹어요."

"아, 그렇군. 내가 가서 고기를 구해 오겠소."

그는 생쥐를 잡아 왔다.

"당신 왜 안 먹어?"

"우린 저런 건 안 먹어요."

"그럼 당신은 뭘 먹는데?"

"우린 바다표범을 먹어요."

"그렇군. 내가 그걸 가져오겠소."

그는 바다벌레를 가져왔다.

"왜 먹지 않소?"

"벌레를 어떻게 먹어요. 역겨워요."

"그럼 당신은 뭘 먹는데?"

"우린 야생 순록 고기를 먹어요."

그는 마멋을 가져왔다.

"당신 왜 안 먹어?"

"우리는 이런 건 안 먹어요. 마멋 냄새가 고약해서요."

"그럼 뭘 먹는데?"

"우린 바다코끼리의 지방을 먹어요."

"오, 그렇군. 내가 그것을 가져오겠소."

그는 바다에서 떠밀려온 바다코끼리 사체를 가져왔다. 그녀는 이것을 먹었다.

"또 뭘 먹고 싶어?"

"땅에서 나는 여뀌풀(polygonum polymorphum) 뿌리요."

"그렇군. 내가 그것을 가져 오겠소."

이번에는 무당벌레를 가져왔다.

"우린 이건건 먹지 않아요. 역겨워요. 이걸 어떻게 먹어요."

"저런, 그렇군. 다른 것을 가져 오겠소."

오래지않아 그녀는 아이를 낳았다. 그는 먹을 것으로 인간의 시체를 가져왔다. 그것도 그녀의 남동생의 것이었다. 다음날 아침 그녀는 집 근처에서 울고 있었다. 그 때 작은 여우가 그녀를 찾아왔다.

"무슨 일이 있나요?"

"나는 켈레와 결혼했어요. 아버지가 나를 켈레에게 주었어요."

"저런. 장식한 장화를 만들어요. 남편이 어디 갔다 돌아오면 그것을 손으로 직접 그에게 줘요. 남편이 신어보도록 그의 앞에 놓아요. 그러면 거미줄이 내려올 거예요."

그가 밖에서 돌아왔다.

"왜 울고 있소?"

"내 나라에서 온 철새들 때문에요. 그래서 울고 있어요. 저기, 장화를 갈아 신어요."

그는 장화를 가져갔다. 그가 장식을 살펴보고 있을 때 그녀는 밖으로 나갔다. 거미줄이 매달려있는 것이 보였다.

그녀는 거미줄에 의해 감아 올려졌다. 그녀의 남편이 쫓아왔다. 그녀는 작은 거미 여인의 집으로 보내졌다. 남편도 쫓아왔다.

"내 아내 어디 있어?"

"무슨 아내?"

"네가 나를 웃음거리로 만들었군."

"그녀는 여기를 지나 상층의 사람에게 갔어."

그는 위로 올라가서 상층의 사람에게 갔다. 그 여자는 북극성("움직이지 않는 별")에게 갔다.

"나를 쫓는 자가 나를 잡으려 해요."

"무슨 일이냐?"

"제 아버지가 저를 켈레에게 주었어요."

"저런! 여기 있어라. 내가 널 숨겨주겠다."

깔때기처럼 길게 뻗은 모양의 빛줄기가 있었다.[20] 그는 그녀를 거기에 있게 했다. 바로 그 때 매우 지친 그녀의 남편이 왔다.

"내 아내는 어디 있나요?"

천정(Zenith)이 말했다.

"여기 있다. 직접 그녀를 데려가라."

"그녀를 내어주시요."

"나는 그녀를 너에게 내주지 않겠다. 직접 데려가라."

"그녀는 어디있나요?"

"그녀는 빛줄기 속으로 들어갔다."

빛줄기는 매우 길었다. 그는 올라가기 시작했다. 그가 가운데에 이르기도 전에 밑으로 미끄러져 손톱이 피로 흥건해졌다.

"내 아내를 주시오."

"나는 그녀를 네게 주지 않겠다. 아주 나쁘군. 나는 그녀에게 음식이 담긴 좋은 접시를 받았다."

희생제물이었다.

"그녀의 부모에게는 아주 좋은 접시가 있다."

"내가 당신을 잠시 쉬게 해주겠소."

20) 코이비콴은 축자적으로는 '빙하의 꼭대기'를 의미한다. 그 지방의 빙하는 보통 작고, 언덕에서 흘러나오는 모든 강이 발원한 계곡에는 얼음이 조금 있다. 문제의 깔때기는 아마도 러시아 사모바르(차 끓이는 기구)의 작은 깔때기에 불과할 것이다. 이것 역시 코이킬콴이라 불린다. 이것은 주로 빛나는 구리로 만든다. 아마도 구리의 광채가 얼음이 빛나는 것을 상기시켰을 것이다. 그다지 신빙성이 있는 것 같지는 않지만 축치족에게서 이러한 설명을 들었다.

"싫다."

"그럼 나의 돌집도 가지시오."

"그것도 싫다. 여기 내 집도 바람이 들어오지 않는다. 내 집도 좋다. 바람은 내가 사는 곳보다 아래 지역에서만 분다. 그럼에도 불구하고 모든 사람의 제물 접시가 제대로 여기에 도달한다. 또한 나는 너보다 위대하다."

"내 아내를 주시오. 그럼 내가 당신께 사냥감을 주겠소."

천정이 말했다.

"나도 사냥감의 주인이다. 나는 하층 사람들에게 사냥감을 나눠준다. 좋은 제물 접시를 바치는 사람에게 오소리를 주고, 바쁜 제물을 바치는 자에게는 여우를 주고, 개가 냄새를 맡지 않는 접시의 주인에게 오소리를 준다. 또한 좋은 제물을 바치는 자에게는 야생 순록을 준다." 21)

"내 아내를 주시오. 그럼 내가 소리를 내지 않고 사람에게 기어가는 주문도 당신께 주겠소."

"내가 왜 나의 보호를 받는 사람을 죽이고 싶어 하겠느냐."

"제발 아내를 주시오."

"나는 너에게 그녀를 주지 않을 거다. 쓸데없는 짓을 하는구나. 너는 너무 탐욕스럽군. 왜 모든 사냥감을 죽이려 하는 거냐? 뭘 위해서 그러는거야? 나는 널 가방 속에 넣을 것이다. 너는 악당이야. 너는 모든 종류의 사냥감을 노리지. 나는 항상 하층 사람들을 보살핀다. 나는 켈레에게 희생당한 사람들의 목숨을 되돌려준다."

"내 아내를 돌려주시오. 그러면 내가 당신에게 몰래 땅을 돌아다니는 방법을 주겠소."

"이봐, 난 그것을 원하지 않아. 너는 몰래 걸어 다닐 수 있지. 난 너

---

21) 이 세부 내용들 중 일부는 잘못 배치된 것 같다. 그들이 이야기의 흐름을 끊고 나중에 다시 했다.

보다 더 잘 알아. 네가 보낸 머리카락 단 한 올도 여기 나에게 닿지 못해."

"그럼 사람을 절름발이로 만드는 주문을 주겠소."

"아니, 너는 내 걱정거리일 뿐이야. 사람을 불구로 만드는 주문은 네가 만든 거지. 그리고 피를 토하게 하는 것도 아마 너일 테지."

"제발 아내를 주시오."

"아니, 안 줄 거야."

"나도 훔칠 수 있소."

"너도 훔치지. 그래서 사람들이 나에게 주기로 약속한 선물이 나에게 오지 않아. 너는 내 걱정거리일 뿐이야."

"그럼 당신에게 사람을 약하게 만드는 주문도 줄게요."

"하지만 내가 무슨 목적으로 그것을 사용하지? 모든 살아있는 것을 죽이려고 숨어서 기다리는 것도 분명 너지. 이제 나는 너를 알아. 너는 다른 사람들의 고통의 원천이야. 그들을 괴롭히는 원천일 뿐이야."

"내 아내를 주시오."

"너에게 그녀를 주지 않을 거야. 그녀를 직접 데려가 봐."

"그럼 고래 주문도 주겠소."

"난 동물을 사냥할 필요가 없어. 내가 친히 고래에게도 먹을 것을 준다."

"내 아내를 주시오. 내가 당신에게 간질을 주겠소."

"나는 그것을 원치 않아. 너는 다른 사람들이 기피하는 대상이야. 내가 '이런! 어떤 존재가 이런 짓을 하지?'라고 했는데, 그게 바로 너야."

"내 아내를 주시오."

그러자 창조자는[22] 그의 아내에게 말했다.

"가방을 여시오."

그리고 말했다.

"너는 사람들을 죽이는 살인자야. 왜 사는 거냐? 여기를 보아라. 내가 정말 신이다.[23] 여기를 보아라. 내가 너를 이 안에 집어넣을 것이다."

그리고는 그를 가방 안에 집어넣었다. 그러자 하늘이 흐려지더니 어두워졌다. 빛이 없어졌다. 천정이 그에게 물었다.

"이래도 너는 여전히 아까처럼 귀찮게 졸라대겠느냐?"

켈레가 아주 낮은 목소리로 말했다.

"당신은 나를 죽이고 있어요."

"그럼 내가 한 번 더 너에게 말한다. 내가 하층 사람들을 지켜보고 있다고. 계속 귀찮게 졸라대겠느냐?"

"아니요. 저는 바지에 오줌까지 쌌어요."

북극성이 그의 아내에게 말했다.

"가방을 조금 여시오."

그녀는 가방을 열었다. 그러자 약간 밝아졌다.

"아직도 아까처럼 귀찮게 졸라대겠느냐?"

"내 아내를 주시오."

그는 다시 아내에게 말했다.

"가방을 닫으시오."

그러자 눈 폭풍이 휘몰아쳤다. 하늘까지 소용돌이치는 눈으로 가득 찼다. 창조자가 켈레에게 다시 물었다.

"여전히 나를 인정하지 않을 것이냐?"

"이제부턴 그러지 않을게요. 추워요."

---

22) 북극성, 여명, 천정, 창조자 등은 동일한 것이다.
23) 축자적으로는 "존재(being)"이다.

그는 추위로 덜덜 떨었다.

"지금은, 지금은 어떠하냐?"

"당신이 나를 완전히 죽이겠어요."

그가 다시 아내에게 말했다.

"가방을 조금 여시오."

폭풍이 다시 잠잠해졌다. 날씨가 개었다.

"그래, 이제 너는 나를 인정하느냐? 한 번 더 너에게 말한다. 나는 하층 사람들을 지켜보고 있다. 너는 나의 적수가 못된다."

"나를 노예로 삼으세요. 다만 여기에서 나를 꺼내주세요."

"아니, 난 너를 꺼내주지 않을 것이다. 네가 인간 사람들을 계속 괴롭힐 것 같구나."

"이제부턴 그러지 않을게요."

"내가 그녀를 돌려보낸다면 그녀를 쫓아가겠느냐?"

"아니오."

그는 아내에게 말했다.

"가방을 여시오."

그녀는 가방을 열었다.

"이래도 계속 너의 아내를 원하느냐?"

"아뇨, 포기했습니다. 당신이 나를 노예로 삼아도 좋아요."

그는 그를 꺼내 주었다. 그런 다음 그는 연료와 모든 것을 가지고 왔다. 그는 소변이 가득한 요강을 집 밖으로 가지고 나갔다.

그는 여자를 데리고 왔다. 그녀의 남편 켈레는 그녀를 보자 말했다.

"너의 간을 먹을 수 있다면 좋을 텐데."

북극성이 물었다.

"뭐라고 하는 거냐?"

"그저, '너의 아버지에게 가'라고 했어요."

"너는 여전히 그녀를 원하는 것 같구나."

"오, 아닙니다. 단지 '너의 아버지에게 가'라고 말하는 것뿐이에요."

그는 거짓말을 했다.

뚜껑을 열었다. 그러자 거기에 온 세상 - 모든 나라의 마을들 - 이 나타났다. 먼 것들도 아주 가까이, 거기 바로 아래에 있었다. 사람들이 조금 보이기도 했다. 그는 그녀에게 말했다.

"그것을 닫고 다른 것을 열어라."

그녀는 다른 것을 열었다. 그러자 그녀의 부모가 아주 가까이 바로 거기 있었다. 그녀의 아버지가 손도끼를 들고 일을 하고 있었다.

천정이 그녀에게 말했다.

"저기 너의 아버지가 있다."

그리고 다시 말했다.

"그것을 닫아라."

여자가 닫자 천정이 말했다.

"너는 외로우냐? 오른쪽으로 향한 가방을 열어라."

그것은 바다표범들로 가득했다. 다시 그녀에게 말했다.

"닫아라."

그가 말했다.

"내가 이것들을 나쁜 제물을 바치는 사람들에게 차별 없이 준다. 그녀는 다른 것을 열었다 . 흰 고래가 가득했다.

"개가 냄새를 맡는 접시의 주인들에게 이것들을 준다."

그녀는 또 다른 것을 열었다. 해마로 가득했다.

"이것은 희생제물을 가져온 이들에게 준다."

그녀는 또 다른 것을 열었다. 그러자 회색 여우들이 가득했다.

"이것들은 좋고 깨끗한 접시를 바친 사람들에게 준다."

또 다른 것을 열었다. 이번에는 파란 여우들이 있었다.

"이것들은 새로 만든 접시의 주인들에게 준다."

다른 것도 열었다. 물개가 가득했다. 또 다른 것을 열었다. 다람쥐로 가득했다.

"내가 이것들을 차별 없이 준다."

또 다른 것을 열었다. 이번에는 산토끼가 가득했다.

"배고픈 이들에게 이것들을 준다."

또 다른 것을 여니 야생 순록이 가득했다.

"내가 이것들을 가난한 이들에게 차별 없이 준다."

그녀는 다른 것을 열었다. 이번에는 늑대들이었다.

"모피 장식이 필요한 이들에게 이것들을 준다."

그 다음은 서쪽 방향이었다. 그녀는 또 다른 것을 열었다. 집들이 보였다.

"저기가 너의 나라다."

그녀의 아버지에게는 순록이 많았다. 순록 떼도 보였다. 천정이 말했다.

"나는 저기 새끼를 배지 못하는 털이 흰 암컷을 원한다. 그것은 내가 오랫동안 원해온 것이다. 나에게는 저런 것이 없기 때문이다. 또한 노란색과 흰색이 섞인 수컷과, 그리고 저것, 다리가 하나뿐인 하얀 놈도."

"얘야, 너는 외롭구나. 집으로 돌아가라."

저녁이 오기 전에 그는 그녀를 내려 보냈다. 그녀는 사람을 불렀다. 한 사람이 나와서 그녀를 보고는 다시 집으로 들어갔다.

"저기 웬 여자지?"

아버지가 나왔다.

"이봐요, 어디서 왔소?

"한때는 저도 이 땅에 살았었어요."

"당신은 누구시오?"

"당신이 저를 켈레에게 시집보낸 것 같은데요."

"저런, 너로구나."

"예, 저예요."

"어디서 오는 거냐?"

"신에게 갔다가 오는 거예요."

"어떤 존재에게?"

"북극성이요. 그에게 새끼를 낳지 못하는 암컷을 바쳐야 해요. 다리가 하얀 것도요."

그들은 이 순록들을 잡아서 희생 제물로 바쳤다. 아버지가 죽었다. 딸이 그를 장례 장소로 데려 갔다. 집에 돌아오기 전에 그녀가 쓰러져 죽었다. 끝.

해양 축치족 리케우기가 들려준 이야기. 마린스키 포스트, 1900년 10월.

17. 타능이트와의 전투

아주 오래 전 어딘가에서 사람들이 전쟁을 했다. 형제들에게 누이가 하나 있었는데, 그 소녀는 아주 민첩했다. 이들은 아마도 축치족 세 명이었던 것 같다. 민첩한 네 명의 타능이트 전사들이 창을 들고 그들을 공격했다. 소녀는 해마 어금니로 만든 창을 사용해 맞섰다. 그녀의 오빠들은 모두 그들에 의해 죽었다.

다른 타능이트 전사들도 죽었다. 남은 타능이트 전사가 민첩한 소녀에게 말했다.

"나는 너를 죽이고 싶지 않다. 너는 여자다. 우리 그만하자."

소녀는 말했다.

"아니, 괜찮아."

타능이트 전사가 말했다.

"아니다. 넌 약하다."

소녀가 말했다.

"그럼 먼저 덤벼봐. 네가 뭐라도 할 수 있으면 해봐."

그녀는 머리숱을 모아 올리고, 허리를 동여매고, 넓은 소매를 정리했다. 그녀의 창은 짧은 것이었다. 타능이트 전사가 말했다.

"쓸데없는 일이다. 너는 여자야."

"아주 자신만만하구나. 먼저 덤벼!"

소녀는 해마 어금니로 만든 창을 세우고 방어 자세를 취했다. 그들은 해가 질 때까지 하루 종일 창으로 싸웠다. 해가 지기 전에 타능이트 전사는 숨을 헐떡이고 혀가 입 밖으로 축 늘어졌다. 그는 매우 지쳤다.

갑자기 그가 땅에 주저앉았다. 소녀가 말했다.

"난 너를 죽이지 않겠다. 나는 여자야."

타능이트 전사가 말했다.

"내가 코에 문신을 한 타능이트 여자에게 이 같은 취급을 당하다니!"[24)]

타능이트 전사는 매우 민첩했다. 그는 매우 강한 자였다. 그가 다시 말했다.

"코에 문신한 저런 타능이트 여자를 이제야 만나다니. 집으로 돌아가기가 수치스럽구나. 자, 이제 나를 죽여라. 나는 집에 돌아가지 않을 것이다. 지금까지 나도 많이 해치웠다."

소녀가 다시 말했다.

"난 너를 죽이지 않겠다. 난 여자야."

그 남자가 말했다.

"만약 네가 나를 죽이지 않는다면 내가 직접 내 몸에 무엇인가를 해야 한다. 이 타능이트(즉, 축치인들)가 우리보다 더 낫다니! 여기 그런 문신한 코를 가진 타능이트 여자가 있다니! 나를 죽여라. 당장! 내가 부끄럼도 모르고 집에 갈 것 같아? 천만에! 만약 내가 집에 돌아간다면 내 아버지가 나를 살려두지 않을 것이다. '네가 여자한테 졌다니!'라고 하실 거다."

"말해봐. 너도 형제들이 있나?"

"그렇다. 한 명 있다."

"나의 창을 너의 형제에게 줘라."

"그럴 수 없다. 사람들이 나를 비난할 것이다. '이 창이 어디서 났어? 여자거야?'라고 할 거다."

그는 어떤 설득도 듣지 않았다. 그는 죽고자 했다.

"나는 절대 집에 가지 않아. 나의 갑옷과 투구도 가져라. 하지만 먼저 담배 한 대 피우겠다."

그는 담배를 피웠다. 그가 입에서 담뱃대를 꺼내자마자 그녀가 그

24) 순록 축치족과 순록 코랴크인들은 서로를 타능이트라고 부른다. 순록 축치족 여자는 코 양쪽 옆면에 문신선이 있었다.

를 찔렀다. 그는 뒤로 자빠져 땅을 어루만지며 누웠다. 그의 장딴지와 어깨뼈와 살진 다른 신체 부위들과 함께. 그는 매우 높은 곳에 누웠다. 그만큼 그는 강했다. 그리고 죽었다. 끝났다.

해양 축치족 리케우기가 들려준 이야기, 마린스키 포스트, 1900년 10월.

18. 두 샤먼

두 샤먼이 있었다. 하나는 텡큐킁이였고, 다른 하나는 리고왈리였다.[25] 그들은 한 마을에 살았다. 그런데 렉켕이 그들을 공격해 죽이려 했다. 렉켕은 그들 가까운 곳에 천막을 치려고 내려놓았다. 저녁때 사람들이 웃고 즐기고 있었다.

이 두 사람은, 특히 리고왈리는 진짜 샤먼이었다. 다른 사람들이 계속 웃고 떠드는 동안 리고왈리는 밤중에 시끄러운 말소리를 들었다. 그가 말했다.

"쉿! 조용히 해. 여기에 이상한 귀들이 있어. 내가 그들을 찾아볼게."

그는 밖으로 나갔다. 갑자기 그들이 보였다. 그들은 이동 천막을 세우고 있었다. 그들의 천막은 아주 가까이에 있었다. 그는 텡큐킁이에게 갔다. 텡큐킁이의 집 사람들은 매우 시끄럽게 웃고 떠들고 있었다. 리고왈리가 그를 불렀다.

"이보게, 텡큐킁이! 자네 알아차렸는가?"

"뭘?"

"그들이 우리를 죽이려 한다네."

텡큐킁이가 밖으로 나왔다. 리고왈리가 말했다.

"우리가 그들을 찾아가세."

그들은 채비를 하고 샤먼 외투를 입었다. 그리고 렉켕의 천막으로 갔다. 노인이 썰매에 누워있었다. 켈레 노인이었다.

그들은 켈레 맞은편에 섰다. 그러나 켈레는 아무 것도 보지 못했다. 노인이 말했다.

"서둘러 천막을 쳐. 저쪽에 가서 식량을 가져오고 싶어."

그들은 천막 세우는 것을 마쳤다. 두 사람은 계속 듣고 있었다. 다

---

25) 첫 번째 이름은 "좋은 음문"을 의미하고, 두 번째 이름은 "털투성이 궁둥이"를 의미한다.

시 노인이 말했다.

"젊은 것들은 어디 있지? 점치는 돌을 가져와."

사실 그것은 사람의 해골이었다.

그는 점치는 연습을 하기 시작했다. 두 샤먼은 서로 마주 바라보았다.

"우리는 식량을 구하러 왔어. 틀림없이 사람들에게 식량이 있을 거야."

그는 지팡이로 해골을 건드렸다. 그러나 해골은 꼼짝하지 않고 움직이기를 거부했다.

"이상하군. 왜 이 돌이 움직이지 않지? 정말 이상해. 우리가 식량을 구할 수 있을지 점을 칠 수가 없네. 그들에게 용사들이 있음이 분명해."

그들은 점치는 연습을 하고 있던 노인을 지팡이로 가리켰다. 그러자 그가 갑자기 벌떡 일어섰다.

"아, 아파!"

순식간에 그는 거의 죽어가고 있었다. 그들은 서로에게 말했다.

"우리 가서 저들을 모두 죽이자."

"좋아."

출발하기에 앞서 그들 중 한 사람은 자신의 켈레에게 개 한 마리를 희생 제물로 바치겠다고 약속했다. 다른 한 사람은 아무 것도 약속하지 않았다. 텡큐큥이가 지팡이로 켈레들을 공격했다. 그러자 켈레들이 달아났다. 땅이 온통 물처럼 물컹물컹하게 되었다. 그와 동시에 땅이 벌어졌다. 사방으로 저절로 벌어졌다.

두 샤먼은 마치 물 아래로 사라지는 것처럼 땅속으로 사라졌다. 자신의 보조령들에게 아무것도 약속하지 않은 켕큐큥이는 몸 중간 정도 깊이의 땅속에 얼어붙어서 빠져 나올 수가 없었다. 리고왈리가 텡큐큥이를 보고 말했다.

"자네 정말 이상하군. 자네는 샤먼이야. 무엇이라도 바치겠다고 약속했지?"

"아니, 아무 것도 약속하지 않았어."

"저런, 아뿔싸! 자네의 노래를 한 번 해봐."

"할 수가 없어."

"자네의 켈레를 불러 봐."

그는 그의 켈레 목소리를 흉내 내려 했지만 할 수가 없었다. 땅은 꽁꽁 얼어붙었다.

"나를 어떻게 좀 해봐. 내가 자네에게 값을 치를게."

"뭐로 갚을 텐가?"

"음, 얇은 순록 가죽 셔츠를 주겠네. 두 겹으로 된 것으로 말일세.[26] 그리고 바다표범 가죽과 털이 흰 개도 주겠네."

리고왈리는 광야에서 노래하기 시작했다. 그러자 곧 해마 정령이 그들에게 왔다. 그는 노래를 계속했다. 해마 몇 마리가 왔다. 해마들은 얼어붙은 땅에서 빠져나왔다. 리고왈리가 텡큐큥이에게 말했다.

"저들이 자네를 위해서 왔어. 이제 주위로 좀 움직여봐. 그래서 그들에게 협조해봐."

그들은 땅에 박힌 사람 아주 가까이 왔다. 그들은 텡큐큥이 바로 옆의 땅을 느슨하게 했고 그는 몸을 움직여 땅 표면으로 거의 다 빠져나왔다. 그렇게 그들은 텡큐큥이를 땅에서 풀려나게 해주었다.

해마들이 돌아갔다. 텡큐큥이는 얇은 모피 셔츠와 흰 개를 리고왈리에게 주었다. 그들은 계속 거기에서 살았다. 켈레가 다시 그들을 죽이려 했다. 순록을 탄 두 사람이 왔다. 이들은 기침과 콧물이었다.

두 샤먼이 밖으로 나왔다. 콧물이 기침에게 말했다.

"네가 먼저 들어가."

---

26) 축치족 모피 코트는 거의 항상 두 겹이다.

두 샤먼은 근처에 몸을 웅크리고 꼼짝 않고 있었다. 콧물과 기침은 집에 다가갔다가 깜짝 놀라서 달아났다.

그들은 다시 다가갔다. 이번에는 기침이 콧물에게 말했다.

"네가 들어가."

그들은 샤먼들을 알아채지 못했다. 기침이 콧물에게 다시 말했다.

"네가 들어가."

그들은 또 한 번 달아났다. 그럼에도 불구하고 전보다는 점점 더 가까이 와서 이제는 입구 근처에 있었다.

기침이 콧물에서 한 번 더 말했다.

"네가 들어가. 너는 코에 속하잖아."[27)]

그래서 결국 콧물이 들어갔다. 당연히 두 샤먼이 그를 잡았다. 그는 놀라서 으르렁거렸다. 물론 기침은 달아났다. 불쌍한 콧물은 눈물을 흘릴 지경이었다.

"이 놈의 기침! 그는 들어오려 하지도 않았어."

두 샤먼이 그에게 물었다.

"너는 무엇이냐?"

"아무것도 아니에요. 우린 아무것도 아니에요."

"그래! 너는 콧물이다."

"예. 나는 콧물이에요."

"좋아. 우리가 지금 널 죽일 거다."

그러자 그는 무서워서 모든 것을 말했다.

"나는 이렇게 사람 코 속으로 들어가요."

"다른 하나는?"

"그는 기침이에요."

"너희가 그런 것들이로구나."

---

27) 말놀이이다. 야콰친("코에 속하는")은 "코 부분을 연구하는", "먼저 가는 자", "주모자" 등도 의미한다.

"우리가 너를 땅에 던질 거야."

"제발 죽이지 마세요. 제가 개를 드릴게요."

"거짓말."

"아니에요. 거짓말하는 거 아니에요. 저만 따라 오세요."

리고왈리가 그를 따라갔다. 그들은 그의 썰매로 갔다. 콧물은 한 마리의 순록만 몰았다. 머지않아 그의 집에 도착했다. 집 근처에 개가 한 마리 묶여 있었다. 그 개의 귀는 땅에 닿아 있었다.[28)]

"이것을 드릴게요. 당신에게 암캐가 있나요?"

"그래. 나는 암캐가 있다."

"그것을 통해서 당신에게 개를 보내줄게요."

"넌 나를 속이고 있군."

"아니에요. 당신이 돌아가자마자 암캐가 새끼를 밸 거예요."

샤먼은 집으로 갔다. 그는 개에게 갔다. 그 암캐는 곧 새끼를 뱄다. 곧 그 개는 새끼를 낳았다. 태어난 새끼들 중 하나는 일전에 켈레의 집에서 보았던 귀가 긴 개였다. 정말 켈레가 그것을 보내주었다. 그는 개를 묶어 두었다. 단단한 고래 갈비뼈가 그 개를 매어 두는 말뚝으로 사용되었다. 그 개는 매일 밤 끊임없이 짖어댔다.

어찌된 일인지 다른 아주 먼 땅에서도 그 개 소리가 들렸다. 다음날도 그 개는 밤새도록, 그리고 해가 뜬 후에도 계속 짖었다. 밤중에 켈레가 다시 왔다. 그 개의 주인은 아주 깊이 잠들어있었다. 켈레들이 천막 주위에 그물을 쳤다.

켈레들은 가축을 모는 막대 끝으로 천막 덮개 아래를 쿡쿡 찌르기 시작했다. 모든 작은 영혼들이 나왔다. 그러자 그 개는 매여 있던 말뚝을 물어뜯어 두동강 내고 빠져나와서 큰소리로 짖으며 켈레들을 공격하려 했다. 그러자 켈레 우두머리가 말했다.

28) 콧물의 개에 대한 이러한 묘사는 아마도 축치인들이 본적 있는 문명인들의 귀가 긴 개들과 연관성을 갖는 것임에 틀림없다.

"저 개가 도대체 뭘 원하는 거야? 우리 개를 풀어놓자. 우리 개가 저 개를 물도록 하자."

그들은 개를 풀어 놓았다. 켈레의 개도 매우 컸다.

그러자 귀가 긴 개가 집으로 들어갔다. 입으로 주인을 물어서 밖으로 데리고 나왔다. 켈레가 소리치기 시작했다.

"서두르자!"

켈레들이 매우 급히 서두르는 동안 주인이 잠을 깼다. 그는 샤먼이었다. 그는 막대기로 켈레들을 내리쳤다. 켈레를 많이 죽였다. 모두 죽였다.

두 샤먼은 거기에 계속 살았다. 리고왈리가 이웃 마을에 갔다. 그는 개썰매를 가지고 갔다. 그에게는 개가 네 마리 있었는데, 그 중 하나를 아내와 함께 남겨두고 갔다. 그의 아내가 말했다.

"이 개도 데려가 쓰세요."

그는 아내에게 말했다.

"이놈은 당신의 기분풀이 친구잖소."

남편은 아주 오랫동안 이웃 마을에 머물렀다. 해가 졌다. 해가 진 방향에서 켈레가 왔다. 그는 입구를 지나갔다. 전처럼 개가 매여 있는 채로 또 짖었다.

켈레가 다시 다가오고 있었다. 개가 리고왈리의 아내에게 말을 하기 시작했다.

"당신의 썰매를 준비해서 아이들을 태울 채비를 하세요. 그리고 내 마구를 준비해주세요."

켈레들이 다시 왔다. 개가 켈레들에게 달려들었다. 그러나 그들은 개를 무서워하지 않았다. 개는 그들을 보고 컹컹 짖기만 했다. 그 개는 돌아서 집으로 달려갔다. 그리고 여자에게 말했다.

"나에게 마구를 매세요."

그녀는 마구를 개에게 맸다. 그들은 집을 떠나 바람이 불어오는 동쪽을 향하여 출발했다.

켈레는 그 집에 들어갔다. 그는 거기 집안에 머물렀다. 여자의 남편이 집에 왔다. 그의 개 세 마리는 고기를 한 짐 싣고 왔다. 그러나 집에 다가오자 개들이 주저앉아 아무리 재촉해도 말을 듣지 않았다. 집 아주 가까이 왔음에도 불구하고.

개들은 땅에 납작 엎으려 집에 들어가기를 거부했다. 켈레가 침실에 있었기 때문이었다. 그러자 리고왈리는 개 한 마리를 죽이고 직접 썰매를 질질 끌기 시작했다. 그가 말했다.

"이상하군. 켈레가 집사람을 방문한 것 같아."

그는 썰매 위에 있던 큰 칼을 내렸다. 그리고 소리쳤다.

"이봐!"

그는 침실에서 나는 소리를 들었다.

"음~!

그는 손에 칼을 들고 서 있었다.

"빨리!"

"음~!"

"빨리라고 했잖아!"

"음~!"

그러는 동안 켈레는 조심스럽게 앞덮개를 조금 열고 내다보았다. 그의 한쪽 눈이 등불처럼 나타났다. 리고왈리는 그것을 칼로 내리쳤다. 그 눈이 잘려나갔다. 안구 속의 액체가 엄청 많이 뿜어져 나왔다. 그러자 켈레가 나와서 집을 돌아보았다. 집은 돌로 변했다.

리고왈리는 도망친 아내의 썰매가 남긴 바퀴자국을 발견했다. 그는 이웃 마을에서 가족을 찾았다.

"당신 살아있었군."

"예. 이 개가 우리를 구했어요."

"그랬군."

그들을 집을 찾아갔다. 집은 돌이 되어 있었다.

그들은 집에 들어가 주위를 둘러보았다. 여자가 등불을 켰다. 모든 것이 여기저기 흩어져 있었다. 그것은 켈레의 배속 내용물이었다. 가위나 칼 같은 강철로 만들어진 많은 것들과, 오소리 가죽, 늑대 가죽, 곰 가죽 등 온갖 종류의 모피들, 한마디로 말해 많은 재물이었다.

남편이 집에 들어가고, 그 다음으로 아내가 들어가고, 아이가 들어갔다. 샤먼인 남편이 말했다.

"눈을 감아. 보지 마."

그리고 북을 쳤다. 침실이 예전과 같이 되었다. 전과 똑같은 그들의 침실이었다. 외부천막은 여전히 돌이었다.

그가 다시 말했다.

"빨리, 눈을 감아."

그리고 다시 북을 치며 말했다.

"보지 마."

그러자 조금 전까지 돌이었던 집이 정상적인 집으로 변했다. 그들은 그 재물을 보았다. 모두 마른 나뭇잎과 자라다 만 버드나무 가지로 변했다.

그들은 거기에서 살았다. 마을을 세우고 수가 늘어나서 사람들이 많아졌다. 끝.

해양 축치족 리케우기가 들려준 이야기, 마리스키 포스트, 1900년 10월.

19. 하늘 소녀와 결혼한 남자

옛날에 한 아버지가 있었다.[29] 그는 아들이 여섯 명 있었는데, 다섯은 이미 다 커서 장성했고, 여섯째 아들은 소년, 즉 아직 어른이 안 된 사내아이였다. 아버지는 너무 늙고 쇠약해졌다.

아버지는 병이 들어 아들들에게 말했다.

"이제 난 죽을 거다. 나를 장례 장소에 데려가 사흘 밤을 거기에 두어라. 셋째날 밤이 지나면 나를 보러 와라."

정말 그는 죽었다. 아들들은 그를 장례 장소에 데려갔다.

죽은 아버지는 사흘 밤 동안 그곳에 있었다. 아들들은 집으로 돌아갔다. 사흘째 밤이 지났다. 그리고 몇 날 밤이 더 지났다. 막내 동생이 말했다.

"이제 우리 아빠를 보러 가야죠?"

형들이 말했다.

"아버지는 죽어서 이제 쓸모가 없어. 우리가 왜 아버지를 보러가야 하니?"

그러자 막내는 몰래 무덤을 찾아갔다. 그가 갔을 때, 그것은 죽은 자의 집 같았다. 그러나 사실 그것은 돌로 된 장례터일 뿐이었다.

"얘야, 너 왔니?"

"예."

"그렇구나. 그런데 네 형들은 어디 있니? 모두 다 잘지내니?"

"예. 다 괜찮아요. 그런데 형들은 아버지가 죽어서 쓸모가 없어졌으니 보러 올 필요가 없다고 했어요."

"그 애들이 그랬어? 이제 너는 신붓감을 구하러 가야 한다. 어디에

29) 이 이야기는 러시아 (또는 아마도 투르크-몽골) 이야기와 순수하게 축치적인 이야기의 교묘한 결합을 보여준다. 이러한 성격의 혼합된 이야기는 축치인들 사이에 드물지 않다.

서 살거니? 어디에 살림을 차릴거야? 넌 나와 함께 살 수 없어. 난 이제 쓸모가 없으니까. 너의 형들과도 함께 있지 마라. 너의 형들은 그런 나쁜 자들이니까."

"알았어요. 그런데 저는 신붓감을 구할 수 없을 거예요."

"상층 사람의 딸을 청해라."

아버지는 바람이 불어오는 동쪽을 보고 순록을 불렀다. 그러자 놀랍게도 강철 발을 가진 순록들이 그의 부름을 듣고 왔다. 그들은 강철 발굽을 갖고 있었다. 막내아들은 그 순록들을 썰매에 매고 길을 떠났다. 아주 높은 산을 올라갔다. 중간에 순록들이 힘이 빠지고 발굽은 다 닳아버렸다.

그는 아버지에게 돌아갔다.

"너 왔구나."

"예."

"거기에서 뭘 얻었니?"

"아무것도 얻지 못했어요."

아버지는 다시 바람이 불어오는 동쪽을 향해 불렀다. 그러자 흑요석 발굽을 가진 순록들이 왔다. 막내는 이 순록들과 정상에 올랐다. 거기서 그는 작은 집을 보았다.

그는 집으로 들어갔다. 한 소녀가 쇠창살이 둘러진 강철 우리에서 잠을 자고 있었다. 그녀는 이불도 덮지 않고 성교하기 매우 편한 자세로 누워 자고 있었다. 그는 옷을 벗고 그녀의 다리 사이에 사정을 했다. 엉덩이 아래에 사정을 아주 많이 했다. 사정을 끝내고 누웠다.

그녀가 잠에서 깼다. 사실은 그가 그녀를 흔들어 깨운 것이다. 그녀는 비난하기 시작했다.

"여기 누구지? 누가 여기 들어왔지?"

"이봐요, 조용히 해요! 내가 당신에게 사정을 했어요. 당신은 웃기는 사람이군요. 당신은 자지 않았어. 나의 사정에 신경도 쓰지 않았어."

그는 그녀와 결혼했다. 그리고 곧 그녀는 아이를 낳았다. 남자아이였다. 그녀의 아버지가 그에게 말했다.

"저 애를 너의 집으로 데리고 가라. 너는 너의 땅이 있다. 왜 내가 너를 여기에 머물게 하지 않느냐고? 너는 이방인이다."

여자의 아버지가 순록 떼를 데려왔다. 그것을 반으로 나누어 젊은이에게 주었다.

젊은이는 짐 썰매 행렬을 이끌고 갔다. 그들은 아버지의 장소 근처를 지났다. 거기에는 아무것도 없었다. 오직 돌로 된 장례터뿐이었다. 거기에서 그는 아버지를 위해 순록을 잡았다. 그리고 형들에게 갔다.

그가 오자 형들이 말했다.

"만약 네가 진짜 신들(축자적으로는 '선한 존재들')의 딸과 결혼했다면, 북극곰을 데려와 봐."

"예. 그러죠."

그는 머리를 썰매 덮개 속으로 집어넣어 아내를 보며 말했다.

"형들이 말하기를, 내가 진짜 신들의 딸과 결혼했다면 북극곰을 데려와 보래요."

"그래요. 그냥 데려와요. 그냥 바람이 불어가는 서쪽으로 가세요. 내 채찍도 사용하세요."

"그럴게요."

그는 바람이 불어가는 쪽으로 가서 뒤를 돌아보니 북극곰이 보였다. 채찍으로 북극곰의 머리를 내리쳐 죽여서 썰매에 싣고 집으로 왔다.

"여기, 북극곰이에요!"

"정말이네! 그럼 불곰을 데려와 봐."

"그러죠."

그는 머리를 썰매 덮개 안에 넣어 아내를 보며 말했다.

"형들이 나보고 다시 가서 불곰을 데려오래요."

"잘됐네요. 그냥 데려오세요."

그는 북극곰을 잡을 때처럼 했다. 또 머리를 내리쳐 죽여서 집에 가져왔다.

"여기, 불곰이에요."

"만약 정말 네가 신들의 딸과 결혼했다면, 이번에는 켈레를 데려와 봐."

그는 썰매 덮개 안에 머리를 넣어 아내를 보며 말했다.

"이번에는 켈레를 데려오래요."

"그래요? 좋아요. 그냥 데려와요. 그게 뭐 그리 대단한 거라고요."

그녀는 가방 속의 내용물들을 뒤지더니 장갑 한 켤레를 꺼냈다. 장갑 손가락 끝에는 매우 긴 발톱이 달려있었다.

"저의 개 두 마리를 데려 가세요."

그는 바람이 불어오는 쪽으로 떠났다. 개들이 썰매를 끌었다. 가는 도중에 개 한 마리가 말하기 시작했다.

"저 산비탈을 따라 난 오솔길로 가요. 저기에 집이 있을 거예요. 우리 거기 가요. 거기에 켈레가 많거든요."

정말 집들이 보였다. 집에는 켈레들로 가득했다. 정말 많았다. 그들은 바다코끼리 가죽을 흔드느라 바빴다. 그들은 도보경주도 했다. 그들이 그를 보자마자 그를 향해 달려왔다.

"오! 손님, 손님이다. 잡자!"

그들이 더 가까이 다가오자 개들이 그들에게 달려들어 긴 발톱으로 켈레들을 모두 찢어놓았다.

켈레들이 멈추었다.

"늙어 죽어가는 작은 여자를 데려가라."

켈레들은 매우 노쇠한 작은 여자를 끌어냈다. 그 여자가 입을 벌렸다. 입안에 온갖 종류의 사냥감이 보였다. 그와 개들은 그것 때문에 거의 죽을 뻔했다. 그는 그녀를 집으로 데려갔다.

그가 소리쳤다.

"아빠! 내가 켈레를 데려왔어요. 형들 모두 여기를 봐요. 당장 와 봐요."

사람들이 보러 왔다. 작고 늙은 켈레 여자가 입을 벌렸다. 사람들이 모두 죽었다. 막내는 그들을 죽이고 모든 것을 파괴했다. 끝.

해양 축치족 리케우기가 들려준 이야기, 마리스키 포스트, 1900년 10월.

20. 북극곰을 방문한 남자

옛날에 여자 북극곰 둘이 있었다. 그들은 해안으로 올라갔다. 그들은 매우 예뻤다. 육지에서 한 남자가 그들을 보고, 그중 하나와 결혼해서 그녀를 집으로 데려가 기름을 발라주었다.[30] 그는 주위를 돌아다니다가 야생 순록을 집에 데려왔다. 북극곰 여인은 곧 남자 아이 둘을 낳았다.

남자가 평소대로 산책을 하고 있는 동안 북극곰 오빠들이 바닷가에 왔다. 북극곰 오빠들은 그녀를 집에 데려가고 싶어 했다. 그녀는 오빠들의 말에 따랐다. 그녀가 말했다.

"아이들을 내 귀에 넣어 갈 거야."

그들은 북극곰의 나라로 떠났다.

남편이 집에 왔다. 그러나 아내는 거기 없었다. 그는 어머니에게 물어보았다.

"여자는 어디 있어요?"

"그녀의 오빠들이 데려갔다."

그가 어머니에게 말했다.

"새 장화를 좀 만들어주세요."

그리고 자신은 활과 화살을 만들었다. 어머니는 그에게 장화를 몇 켤레 만들어 주었다.

그는 길을 떠났다. 바다를 향해 화살 하나를 쏘았다. 그러자 화살이 날아간 쪽으로 땅이 생겼다. 이 땅을 지나느라 장화가 다 닳아버렸다. 그는 그 장화를 버리고 또 화살을 쏘았다. 또 다시 같은 방향에 좁고 긴 땅이 생겨났다.

그는 다른 장화를 신고 다시 출발했다. 좁고 긴 땅이 끝났다. 그는

30) 결혼 의례의 일부이다.

다시 장화를 버리고 다른 새 장화를 신고 화살을 하나 쏘았다. 그러자 새로운 땅이 생겨났다. 이제 그의 수중에는 화살이 단 하나 남았다. 땅이 끝나고 해안이 나타났다. 그는 다시 활을 쏘았다. 남은 화살은 없었다. 그는 마을 어귀에서 밤을 보냈다.

다음날 아침 그는 광야를 걷고 있는 아이들을 보았다. 이 아이들은 그의 아들들이었다. 그 아이들은 매우 빨리 성장했다. 그가 그들에게 물었다.

"아버지가 계시니?"

"안 계셔요. 삼촌들이 우리를 여기에 데려왔어요."

"너희 어머니가 누구니?"

"어머니는 북극곰이에요."

그러자 그가 말했다.

"너희들은 내 자식이다."

아이들이 집에 가서 어머니에게 말했다.

"우리 아버지가 오셨어요."

"아버지가 어디에서 와? 웬 아버지? 그는 멀리 있어. 그가 어떻게 온다는 거니? 그는 바다 건너에 살고 있단다. 내가 가서 직접 봐야겠다."

그녀는 그에게 가보았다. 그녀가 말했다.

"뭘 원해요? 우리 이웃에 코차트커[31] 둘이 있어요. 그들이 당신을 죽일 거예요."

그가 말했다.

"내가 살려고 온 것 같소? 난 죽으러 왔소."

그녀의 오빠들은 사냥하러 바다에 가고 없었다. 그래서 그는 집에 들어갔다. 오빠들이 돌아왔다. 그들이 말했다.

"우리 집에서 뭔가 나쁜 냄새가 나. 너 무엇을 들여온 거니? 뭔가 본

31) 거대한 북극곰의 모습을 한 괴물이다.

토의 것 같은 냄새가 나."

아내가 말했다.

"무슨 냄새겠어요? 내 남편이 왔어요."

그러자 오빠들이 말했다.

"왜 진작 말하지 않았니? 큰일 났군. 우리가 그에게 겁을 줬는데."

장인이 그에게 말했다.

"이보게, 내일 아침 코차트커들이 자네와 시합을 할 거야. 그들이 자넬 죽일거야."

정말 코차트커들이 외치는 소리가 들렸다.

"우리 손님을 위해 시합을 하자!"

장인이 그에게 또 말했다.

"모든 사람들에게 언덕을 미끄러져 내려가라고 해."

그들의 미끄럼 장소는 물로 둘러싸여 있었다. 물속으로 잠수해 들어가서 크고 둥근 표석을 가지고 돌아와야 하는 것이었다.

그가 말했다.

"나는 잠수를 못해요."

장인이 말했다.

"나의 벙어리장갑과 내 옷들을 사용하게. 자네가 물속으로 잠수하면 바로 저기 물 아래에 큰 표석이 있을 거야. 자네는 그것을 해안으로 던져 올려야 하네."

그는 표석을 던졌다. 표석은 내륙 멀리 떨어졌다. 장인이 큰 소리로 외쳤다.

"이보게! 잘했네."

그러자 다시 코차트커가 말했다.

"씨름 시합을 하자."

장인이 그에게 말했다.

"이제 내가 자네를 위해 뭘 할 수 있겠는가? 자네 스스로 생각해야 하네. 이번에는 그가 자네를 죽일 거야."

"저는 지금 컨디션이 꽤 좋은 것 같아요."

그는 창을 만들었다. 코차트커가 그를 공격했다. 그는 창으로 싸웠다. 괴물이 지쳐 나가 떨어졌다. 그가 창으로 코차트커의 입을 내리쳤다. 피가 흘렀다. 그는 괴물의 두 다리의 힘줄을 잘라서 서있을 수 없게 만들었다. 장인이 다시 큰소리로 외쳤다.

"보라고! 우리 사위는 지지 않아!"

그가 코차트커를 죽였다. 장인이 말했다.

"자네 처를 집으로 데려가게."

그는 장인의 옷을 입었다. 그의 네 처남들이 그를 집에 데려다주러 함께 갔다. 그들이 해안에 상륙했다. 사람들이 북극곰들을 공격했다. 그는 옷에 달린 모자를 벗었다. 그것은 북극곰의 이마 가죽이었다. 그는 그것을 떼어냈다. 그때까지 사람들이 북극곰을 공격하고 있었다.

그가 말했다.

"우리가 왔어요!"

그러자 다른 사람들이 말했다.

"하마터면 널 죽일 뻔 했잖아."

처남들은 매우 놀랐다. 그들은 그의 집으로 갔다. 처남들은 냄새 때문에 집에 들어가려 하지 않았다. 북극곰들은 자신의 집으로 갔다. 북극곰 아버지가 죽었다. 아들들은 다른 나라를 떠돌아 다녔다. 사람들은 그들을 보고 모두 죽였다.

그가 이것을 듣고 자신의 처남들을 죽인 사람들을 찾아내어 모두 죽였다. 이 일이 있은 후 그는 하늘로 올라갔다. 그는 아침 여명과 함께 살았다. 그가 거기에 얼마간 머무는 동안, 그의 가족은 아침 여명에게 털이 흰 개를 제물로 바치기로 약속했다.

곧 개가 하늘에 갔다. 개는 숨을 쉬지 않았다. 아침 여명이 그 남자에게 말했다.

"이 개가 너의 가족이 보낸 개로구나."

아침 여명이 가방을 열고 그에게 말했다.

"저기, 네 가족들을 보아라."

아주 가까이 바로 아래에 사람들이 있었다. 갑자기 그의 눈에 눈물이 고였다. 울었다. 곧 거기에 비가 내렸다. 그의 눈물이었다. 아침 여명이 남자에게 말했다.

"눈물을 닦아라. 이제 됐다."

그가 눈물을 닦았다. 그러자 비가 그쳤다. 그는 자신의 순록 떼도 보았다. 아침 여명이 그에게 말했다.

"집에 도착하면 새끼를 낳지 못하는 암컷을 내게 줘야 한다. 그리고 집에 돌아가서 바로 집에 들어가지 마라. 먼저 돌가루를 몸에 발라라. 그러고 나서 나에게 새끼 낳지 못하는 암컷을 바쳐라."

그가 집으로 돌아왔다. 돌을 갈아서 자신의 몸에 발랐다. 그리고 새끼 낳지 못하는 암순록을 잡아서 희생 제물로 바쳤다. 그러고 나서 집에 들어가서 밤새 잤다. 여자로 변했다. 그는 자신의 성기를 찾아보았다.

"맙소사! 나는 남자인데."

성기가 음문으로 변해있었다.

그는 재산이 많았는데, 갑옷도 한 벌 있었다. 그가 말했다.

"그래, 갑옷이 있지."

그것을 꺼내보았다. 그러나 그것은 여자 외투로 변했다. 상층의 존재들 중 한 남자가 그에게 청혼하러 왔다. 여자로 변한 사람이 그 남자에게 말했다.

"뭘 원하세요?"

"나는 당신에게 청혼하러 왔소."

"난 여자가 아닙니다. 나는 남자예요."

구혼자가 그에게 말했다.

"당신은 여자요. 바로 그렇게 때문에 내가 당신에게 온 거요."

"아니에요. 내 창을 보세요."

그러나 창은 바늘집으로 변했다. 그는 이 사람과 성교를 했다. 방문자는 아내를 집에 데리고 갔다. 그는 순록 떼가 아주 많았다. 그는 새끼를 낳지 못하는 암컷을 죽여서 그 피를 그녀에게 발랐다. 그러나 피가 발라지지 않았다. 그는 거세된 수컷을 죽여서 그 피를 그녀에게 발랐다. 그러나 피가 너무 미끄러웠다. 그는 다른 순록을 잡았지만 그것의 피도 잘 발라지지 않았다. 늙은 암컷을 잡았지만 되지 않았다. 세 살배기 암컷을 잡았지만 그 피도 되지 않았다. 두 살배기 암컷을 잡았지만 그 피도 되지 않았다. 세 살배기 수컷을 잡았는데, 그 피는 물 같았다. 두 살배기 수컷을 잡았지만 그것도 되지 않았다.

작고 야윈 새끼를 잡았는데 그 피는 좋았다. 그는 그녀에게 그 피를 발랐다. 그들은 다시 잠을 잤다. 그녀가 깨어서 남편을 보았다. 그것은 돌기둥이었다.[32] 그녀가 말했다.

"누가 나를 이런 우스운 족속으로 만들었지? 아마 틀림없이 인간 샤먼들일거야."

그녀는 울었다.

천정이 그녀를 방문했다. 천정이 물었다.

"왜 울고 있느냐?"

"장난기 많은 존재들이 나에게 이렇게 했어요."

"너를 내 집으로 데려가겠다."

그는 그녀를 큰 집에 데리고 갔다. 거기서 그녀는 잠을 잤다. 성기가 자라나기 시작했다. 그녀는 깊은 생각에 잠겨 혼잣말을 했다.

"하지만 난 여자인 것 같은데."

---

32) 축치인들은 이 나라의 산에서 자주 발견되는 돌기둥을 돌로 굳어진 남자나 순록 또는 말 등으로 여긴다.

바로 그 때 천정이 말했다.

“이 모든 것은 네가 북극곰과 결혼했기 때문에 일어난 일이다. 집에 가거라.”

바늘집으로 변했던 창이 다시 창이 되었다. 천정이 말했다.

“거미 여인에게 너를 아래로 내려 달라고 해라.”

거미 여인은 그를 거미줄로 감고 말했다.

“눈을 감아요.”

그리고 계속했다.

“가는 길에 어두운 집이 있어요. 갈증이 느껴지면 손바닥으로 주위를 더듬어 보세요. 그러면 산딸기를 좀 발견할 거예요. 그것으로 갈증을 달랠 수 있어요. 그것을 다 먹으면 작고 밝은 점이 나타날 거예요. 당신은 그것을 향해 가야 돼요.”

그는 거기에 도착해서 그것을 지나갔다. 그것은 우리들의 이 세상이었다. 그는 여행을 떠나 생쥐 인간들에게 갔다.

“오, 손님이 왔군.”

“그렇습니다.”

“내일 우리 사람들이 감사절 의례를 준비할거요. 한 사람이 아파요. 당신은 밤새 있어야 돼요.”

그의 생각에는 거기에서 하룻밤을 머무른 것 같았다. 그러나 그것은 1년이었다. 그는 감사절 의례에 참가했다. 그는 위대한 샤먼이 되었다. 생쥐 인간들은 목이 아파서 괴로워했다. 그것은 인간 아이들이 생쥐를 잡으려고 놓은 올가미 때문이었다. 그것이 생쥐들의 목을 조여 생쥐들은 숨이 막혔다.

“이 병이 나으면 나중에 당신에게 보답으로 얇은 순록 가죽을 주겠소. 또 앞으로 모든 종류의 존재들이 당신에 대해 알게 될 것이오.”

그는 올가미를 물어뜯었다. 그러자 환자가 다시 숨을 쉬었다. 그들은 얇은 순록 가죽으로 그에게 보답했다. 그는 떠났다. 가는 길에 그

순록 가죽들을 보았더니 그것은 단지 나뭇잎과 풀이었다.

그는 다시 여행을 떠났다. 털이 북슬북슬하게 난 구더기를 보았다. 구더기가 그에게 말했다.

"어이! 손님인가?"

"그렇소."

"이봐, 장난기 많은 존재들이 당신에게 또 다시 해를 끼치려 하고 있어."

"어쩌지?"

"그냥 내 몸으로 가장해. 도중에 산족제비가 있어. 아주 활발한 놈이지. 너는 내 몸으로 가장해. 그래서 그가 너를 잡도록 해. 엎드려 있어야 돼. 수많은 너의 다리로 놈의 몸 둘레를 조여. 그것들로 네가 그를 죽일 수 있어. 그리고 나가. 그러면 아주 가까이에 너의 집이 보일 거야. 끝.

해양 축치족 코티르긴이 들려준 이야기, 미스콴 마을, 1900년 11월.

21. 샤먼과 켈레

자, 내가 누구 얘기를 하려고 하느냐 하면, 옛날에 틍오티르긴이라는 남자 샤먼이 있었는데, 그가 강을 따라 걸어 올라가다가 순록을 탄 두 사람을 보았다.

"이봐요, 어디 가시오?"

"우리는 음식을 구하러 틍오티르긴들에게 가고 있어요. 저쪽 마을로 가요."

"그래요? 그런데 틍오티르긴이 어디 있소?"

"그가 어디 있냐고요? 우리도 몰라요. 그를 보지 못했소."

"그래요? 나도 몰라요. 나도 그를 전혀 몰라요."

"사실은, 틍오티르긴의 마을에서 음식을 구해 오라고 노타르메가 우리를 보냈소."

"그래요?"

"우리가 선봉대예요. 뒤쪽에 노타르메의 짐마차들이 천천히 오고 있어요."

"그렇군요."

그는 거기에서 그들을 죽였다. 그들 모두를 찔러 죽였다. 이 세상 사람인 틍오티르긴은 샤먼으로서 켈레를 죽였다. 그리고 그는 집에 갔다. 저녁이 오자 잠을 잤다. 새벽 동틀 녘에 일어나 강을 따라 올라갔다.

강에서 물을 긷고 있는 젊은 여자 두 명이 보였다.

"여러분은 물을 길러 왔소?"

"예."

"당신들은 누구의 여자들이오?"

"우리는 노타르메의 것이에요."

"말은 어디 있소?"

"여기에 있어요. 다만 이곳에서는 말들이 보이지 않을 뿐이에요."
"그렇군요."
켈레 여인들이 물을 길으면서 노래를 했다. 퉁오티르긴의 노래 중 하나였다.
"누구의 자장가를 부르고 있소?"
"퉁오티르긴의 자장가예요."
"퉁오티르긴이란 자는 아름다운 노래와 노래를 잘하는 능력을 가진 사람임에 틀림없군요."
켈레 여인들이 말했다.
"우리가 보기에는 당신이 퉁오티르긴 같은데요."
"내가 어떻게 퉁오티르긴일 수가 있소. 난 그를 몰라요. 전혀 몰라요. 그를 본 적이 없어요."
"정말요?"
"그 노래를 다시 불러 봐요."
"좋아요."
그들은 노래를 불렀다.
켈레 여인들이 물을 길어 집으로 갔다. 퉁오티르긴은 그들을 뒤따라갔다. 그 때 우두머리인 노타르메는 바람을 피해 썰매에 앉아있었다. 노타르메는 카막, 켈레였다. 퉁오티르긴이 그에게 말했다.
"당신이 여기에 있군요."
"그렇다."
"왔습니까?"
"그렇다. 내가 여기 있다. 내가 퉁오티르긴에게 가고 있다."
"그래요?"
"하지만 우리는 퉁오티르긴이 어디 있는지 모른다. 정말 몰라. 난 퉁오티르긴을 본 적이 없어."
퉁오티르긴이 노타르메에게 물었다.

"당신이 틍오티르긴을 찾는다면 어떻게 할 건가요?"

"만약 그를 찾는다면, 물론, 끝장낼 거야. 작년에 인간 먹이를 구해 오라고 내가 순록을 태워 보낸 자들을 그가 모두 죽였기 때문이지."

"아, 그렇군요."

"그렇다."

노타르메 근처에 거대한 개 한 마리가 썰매에 묶여 있었다. 틍오티르긴은 노타르메를 붙잡았다. 그를 붙잡은 채 말했다.

"이봐, 나 여기 있어. 내가 틍오티르긴이다."

"뭐?"

"드디어 만났군. 난 너를 죽이러 가는 길이거든. 네가 일전에 나를 거의 죽일 뻔했기 때문이지."

"이봐, 놔 줘! 너에게 가지 않을게. 나는 사슴뿔을 가져가고 있어."[33]

"아니, 안 돼! 널 죽일 거야. 날 속이려고 해봤자 소용없어. 드디어 만났군."

"저기에 있는 저 개를 줄게."

"싫어. 넌 날 속이고 있어. 난 너를 죽일 거야."

"아냐, 널 속이려는 게 아니야. 내가 왜 그러겠어?"

"좋아. 그럼 지금 저 개를 내 집에 데려갈게."

"안 돼. 너는 저 개를 네 것으로 삼을 수 없을 거야. 만약 네가 저 개를 지금 공공연히 너의 집으로 데려가면, 넌 그것을 너의 것으로 삼을 수가 없어. 그냥 둬. 머지않아 내가 너를 위해 새끼 밴 암캐에게서 저것이 태어나게 해줄게."

"좋다."

"그래."

---

33) 축치족은 부모나 친척의 장례 장소에 순록 뿔을 가져간다.

그는 노타르메를 놓아 주었다.

노타르메가 말했다.

"여자들아, 서둘러! 우리는 천막을 옮겨야 돼. 우리나라로 돌아가는거야. 저 사슴뿔을 빨리 제자리에 갖다 놓자."

그들은 뿔을 목적지에 가져다 놓았다. 그 일을 마치고 그들의 나라로 돌아갔다.

틍오티르긴도 집으로 돌아왔다. 여름이 왔다. 그는 강어귀에 살았다. 수많은 물고기떼가 그 강에 와서 강은 물고기로 가득했다. 심지어는 물고기들 때문에 물이 흘러가지 못할 정도였다. 강이 너무 가득차서 어떤 물고기들은 강기슭으로 뛰어 올라왔다. 아침에 그가 잠에서 깼을 때, 수많은 고래와 다른 바다 사냥감들이 해안으로 밀려와 있었다. 심지어 해안으로 뛰어 오르기까지 했다.

얼마 후 암캐가 새끼를 낳았다. 그는 새끼들을 훑어보았다. 어떤 것들은 진짜 강아지였다. 그런데 한 마리는 켈레의 개가 태어난 것이었다. 이 겔레의 개는 틍오티르긴과 함께 자랐는데 아주 커서 순록 크기만 한 거대한 개가 되었다. 그래서 그 개는 안쪽 또는 바깥쪽 방 벽 근처에 큰 강철 사슬로 매여있었다.

노타르메가 다시 틍오티르긴에게 왔다. 마을에는 집들이 아주 많았다. 노타르메의 사람들이 영혼을 많이 잡으려고 모든 집을 그물로 둘러쳤다. 그렇게 켈레들이 사람들을 죽이고 있었다.

그러나 틍오티르긴의 사람들과 이웃들은 깊이 잠들어 있어서 아무도 깨지 않았다. 그때 사슬에 묶어있던 큰 개가 주인을 향해 짖기 시작했다.

"컹컹!"

그의 주인은 여전히 잠들어 있었다. 그들은 이 굵고 큰 소리를 듣지도 못했다.

결국 순수한 동정심으로 개가 사슬을 물어뜯어 두 동강 내고 자고 있는 주인에게 달려들어 손가락을 물었다. 드디어 주인이 깨서 나왔다. 틍오티르긴과 개는 수많은 켈레들을 죽였다.

노타르메는 도망갔다. 틍오티르긴의 사람들은 무사했다.

몇 해 후에 이번에는 틍오티르긴이 켈레들을, 즉 노타르메의 사람들을 대적하여 전쟁을 하러 나갔다. 노타르메가 말했다.

"네가 왔군."

틍오티르긴이 말했다.

"이봐, 너에게 말한다. 너는 나를 거의 죽일 뻔 했어. 이제 내가 공개적으로 너에게 왔다. 우리 한번 싸워보자."

"먼저 우리 집에 들어가 식사를 좀 하자."

"싫다. 거절한다."

"그럼 좋아."

노타르메가 틍오티르긴을 죽였다.

켈레는 그의 나라에서는 매우 강했다. 틍오티르긴은 왜 켈레에게 갔을까? 켈레가 그를 죽이고 그의 사람들도 모두 죽였다. 끝.

켈캡 툰드라의 순록 축치족 코라우게가 들려준 이야기,

마린스키 포스트,1900년 10월.

Ⅱ

주문

1. 아픈 사람을 위한 주문

사람이 아플 때는 상층계의 사람을 부르며 이렇게 말한다.

"자, 이제 내려오십시오. 나는 당신을 나의 조수로 쓰고 싶습니다. 그래도 될까요? 내가 그를 직접 찾아도 될까요? 나는 무지합니다. 당신의 허락을 받아 나는 당신을 나의 조수로 삼겠습니다. 나를 찾아주세요. 너무 힘듭니다. 제가 여기에, 아무런 도움도 받지 못하고 있습니다."

그리고 주문을 외우는 사람은 아무거나 작은 물건, 예를 들면 나무 조각 같은 것들을 들어올린다. 그리고 이것을 마치 상층계의 사람인양 대한다. 그는 앞머리(대각성 Arcturus)에게 순록을 요청하면서 말한다.

"오, 앞머리여! 나에게 당신의 순록 수컷들을 주세요. 이 사람이 썰매를 끄는 순록으로 사용하기 원합니다."

그는 룰텐닌(오리온자리)에게도 채찍을 달라고 요청한다. 그러면 상층계 사람은 그것을 찾기 위한 여행을 시작한다. 먼저 그는 땅의 존재들을 방문한다.

그가 거기에 가면 그들은 말한다.

"왔느냐?"

하지만 실은 그는 좀 전과 같이 움직이지 않고 가만히 있다.

"예, 제가 왔습니다."

"그런데 당신은 누구인가?"

"저는 단지 조수로 고용되었습니다. 저는 그 사람이 어디에 있는지 찾으러 왔습니다. 아마 여기에 있겠지요?"

"나는 아무것도 모른다. 전혀 몰라. 그는 여기 없다. 나는 말해줄 수가 없다."

그러면 그는 그곳을 떠나서(물론 그 사람은 꼼짝 않고 서있다) 이야기하기 시작한다. 그가 말한다.

"오, 나는 어디로 가야 하는가? 그는 어디 있을까?"

그는 상층의 존재들에게 간다.

"왔느냐?"

"예."

"무엇을 원하느냐?"

"나는 이 사람들의 조수예요. 다만 나는 어떤 이들을 찾으러 왔어요."

"그렇군. 하지만 우리는 모른다. 그 사람은 우리에게 오지 않았다. 그가 어디에 있는지 우리는 전혀 모른다."

"그런 말씀을 하시다니요! 그가 어디에 있을까요?"

그는 집에 와서 그사이 죽은 병자를 발견한다. 그가 말한다.

"그는 거기에 없어. 저기 있는 사람들은 그에 대해 몰라. 좋지 않아. 어디에서 그를 찾지? 어둠의 사람들에게 가 봐야겠다."

그는 어둠에게 간다.

"왔느냐?"

"예."

"오, 그가 저기에 있다."

드디어 여기에서 그가 발견된다.

"여기에 있나요?"

"예. 나는 여기에 와 있어요. 여기에 머무르고 있어요."

"집에 갑시다. 나는 이 사람들을 보조하고 있어요. 그것 때문에 그들이 나를 불렀어요. 돌아갑시다. 내가 당신을 데려갈게요."

그리고 그는 정말 그를 따라간다. (이러는 동안 그 사람은 그것을 왼손에 든 채 다른 작은 나무 조각을 집어 든다. 그것은 상층계 사람이 영혼을 다시 데려와서 온 길을 다시 되돌아가게 하는 것을 의미한다.) 그와 동시에 병자의 아버지는 병자의 귀에 바람을 불어넣는 시늉을 하거나 혹은 병자의 머리를 긁는다. 나무 조각은 베개 밑에 둔다. 주문을 외는 사람은 병자의 아버지도 부른다. 드디어 죽은 자가 숨을 되찾는다. 그러면 그의 목소리가 그에게 돌아가고, 그는 앉은 자세를 취하기 까기 한다. 그 다음 주문을 외는 사람은 아침 여명에게 병자를 위해 옷을 좀 달라고 요청한다. 그는 말한다.

"여기를 보세요. 이 사람은 옷이 없어요. 나의 이 작은 아들이. 저에게 옷을 좀 주세요. 그러면 그것들을 저 아이의 몸에 입힐게요."

(마치 위에서 옷을 받아 내리는 것처럼 손을 위로 뻗는다.) 그리고는 옷을 그 사람 위에 놓고 말한다.

"켈레가 공격할 수 없는 옷을 너에게 입혔다."

그런 다음 병자를 침실로 도로 데려가도록 한다. (왜냐하면 마지막 동작을 위해서 병자가 침실 밖으로 들려나왔기 때문이다.) 침실에 도로 들어가기 전에 병자의 몸 전체에 황토를 발라야 한다. 끝.

해양 축치족 코티르긴이 들려준 이야기, 미스콴 마을, 1900년 11월.

2. 고방오리 주문(발로케우간, 엘케킨 에우간)
(중부 아나디르 지역의 주문)

이것은 사냥감을 부르기 위한 것이다. 나는 태초로부터 모든 사냥감, 모든 살아있는 것을 부른다. 나는 어린 고방오리를 나의 안내자로 삼는다. 그것은 아주 영리해서 모든 사람들 눈에 띄지 않게 숨는다.

나는 안내자로 늙은 고방오리를 부른다. 나는 홀로 있는 숫순록이 물을 건너게 한다. 그것을 안내자로 삼아보자. 그 안내자가 순록 앞에서 부르게 하라.[34] 이것은 끝난다.

이제 나는 다시 노래한다.

"그냥 그래, 그냥 그래, 이봐, 너는 누구냐?"

나는 어제의 (사냥감의) 거리를 사용한다. 오늘의 거리를 사용한다. 나는 그것들을 내 앞에 나타나게 만든다. 나는 얼굴에 검댕을 칠한다. 모든 종류의 사냥감들이 나를 모르게 된다. 모든 종류의 동물들이 나를 알아보지 못하게 된다. 그들 눈에는 내 얼굴의 검댕만 보인다.

나는 바지를 벗고 아무런 방비 없이 땅에 서있다. 내 엉덩이에는 눈이 세 개 있어서 그것들이 나를 위해 망을 본다. 그것들은 모든 숨어있는 켈레를 보고, 켈레의 눈을 감기게 한다.

엉덩이에서 둘로 갈라진 어린 고방오리의 두 다리를 이용하여 순록을 느리게 만든다. 항상 내가 사용하는 모든 것은 냄새를 맡기가 어렵다. 어떠한 방비도 없이 나는 모든 장소로 들어간다. 나는 걱정 없이 잘 수 있다. 온갖 종류의 사냥감이 나를 좋아하고, 모든 종류의 사냥감이 나를 아주 사랑한다.

그래서 나는 걱정 없이 잘 자는 것이 거의 습관이 되었다. 나는 베

34) 중부 아나디르 지역의 축치족은 주로 강에서 야생 순록을 사냥하며 산다. 이 주문은 야생 순록 사냥에 관한 것이다.

개 밑에 놓여있는 것을 나의 안내자로 삼는다. 그것에 입김을 불어서 그것을 돌아가게 한다. 그것을 (도로) 사라지게 한다. 끝.

중부 아나디르 축치족 니콘 타그라티르긴이 들려준 이야기,
치카예바 마을, 1900년 11월.

3. 야생 순록 길들이기 주문(콰알바트-에우간)

막 털갈이를 한 야생 숫순록 한 마리가 길들여진 무리에 들어오자 순록 떼의 주인이 말한다.

"우리 저 순록을 길들여 보자. 저 순록이 우리를 위해 새끼를 낳게 하자."

그는 순록 떼 가운데 서서 주문을 외운다. 천정의 존재에게 말한다.

"거기 위에 계신 분이시여! 나는 매우 도움이 필요합니다. 이것은 떠나려고 합니다. 이것은 내가 여기에서 본 종류 중 첫 번째 것입니다."

"저에게 당신의 나무 막대기를 주세요. 내가 그것을 그의 발에 찔러 넣고, 그것을 뿔 사이로 밀어 넣겠습니다. 저 순록의 아래턱에 구멍을 뚫어 땅까지 내려오게 하겠습니다. 그밖에 무엇으로 내가 이 숫순록을 땅에 묶어놓겠습니다?"

"사방에서 표석을 모아다가 저 순록의 뿔 사이에 쌓겠습니다. 저 순록이 어떻게 머리를 움직이겠습니까? 내가 저 순록의 귀를 떼로 감싸겠습니다. 시든 사초 잎을 모아서 저 순록의 코를 덮는데 사용하겠습니다. 땅의 모든 곳에서 나는 모든 악취가 그 코로 들어가라!"

"나는 저것을 새로 태어난 새끼로 만든다. 오, 선한 존재시여! 나의 부탁을 싫어하지 마세요. 내가 저 순록을 소유물로 삼을 수 있도록 하소서. 대신 그것과 같은 값이 나가는 것으로 원하시는 것을 드리겠습니다."

그리고 침을 뱉는다. 그와 함께 주문은 더 빨라진다. 그런 다음 그는 말한다.

"순록 떼를 집으로 데려와."

그들은 그것을 집으로 데려 간다. 그들은 집에 불을 피운다. 그 숫순록이 연기 냄새를 맡도록 순록 떼를 바람이 불어오는 쪽으로 몰고

간다. 그러나 그것은 달아나지 못한다. 무거워졌기 때문이다. 끝.

순록 축치족 케우테긴이 들려준 이야기, 온밀린 툰드라, 1901년 6월.

4. 켈레를 막는 주문

저녁이 오면 나는 큰 곰 두 마리를 내 집 입구 양옆에 묶어 놓고 이렇게 말한다.

"너희들은 이렇게 크고 강하구나! 너희들 옆에 있으면 나에게 어떤 나쁜 것도 닥치지 않을 거야."

만약 켈레가 와서 들어오려 한다면 곰들이 켈레를 잡을 것이다. 곰들이 켈레가 지나가는 것을 허용하지 않을 것이다.

눈이 완전히 멀어 볼 수 없게 된 작은 여인이 채찍으로 무장하고 있다. 그녀는 밤새도록 사방으로 채찍을 휘둘러댄다. 켈레를 겁줘서 쫓아버린다. 그녀는 공격에 서툴다. 그러면 강철로 된 큰 북극올빼미 두 마리가 집 주위에서 사방으로 망을 본다. 이 올빼미들은 강철 부리와 강철 날개를 가졌고, 부리는 매우 날카롭다.

공격하지 못하는 살인귀 켈레가 벽 밑으로 집에 다시 와서 공격을 하려 한다. 그 올빼미들이 켈레를 때려 중상을 입히고 눈을 파먹는다. 켈레는 온통 피범벅이 되어 쏜살처럼 달아난다. 무서워서 도망간다.

해양 축치족 여인 벨붕에가 들려준 이야기, 체친 마을, 1901년 5월.

5. 켈레가 올 것을 방비하는 주문(타노뭉아트켄에우간)

나는 인간 사람들의 집을 밀폐된 강철 공으로 변하게 한다. 그것은 입구도 창문도 없고, 다만 꼭대기에 작은 연기구멍만 하나 있다. 나는 그 구멍 옆에 예리한 칼날을 둔다. 그 구멍을 통해 들어올 수 있는 켈레는 없다. 그것에 대해 아는 죽음의 원천도 없다.

저녁에 잠자는 시간에 뭔가 나쁜 것이 집을 공격하려고 할 것이다. 그들 중 하나가 말할 것이다.

"우리 이 집에 들어가자."

"그래, 그러자."

그들은 입구를 찾으며 집 주위를 돌아다닌다. 입구는 없다. 그래서 그들은 입구를 찾을 수가 없다.

"어느 쪽으로 들어가지? 놀랍군. 입구를 찾을 수가 없어. 밑에서 찾아보자. 외부 천막의 바닥을 통해 안으로 들어갈 수 있을 거야."

그들은 땅속으로 들어간다. 그러나 다른 쪽으로 다시 나와야 한다. 입구가 없다. 그 집 전체가 강철이기 때문이다.

그들은 다시 앞으로 간다.

"어디로 들어가지? 안에서 사람 목소리가 들려. 지붕으로 올라가 볼게."

그들 중 하나가 지붕으로 올라가서 연기구멍을 본다.

"여기야! 여기로 들어갈 수 있어. 이리 와, 어서! 밧줄로 나를 이 아래로 내려줘."

그들은 밧줄로 그의 다리를 아래로 향하게 하여 내려준다. 그는 연기구멍으로 들어간다. 그러나 연기구멍은 좁고, 날카로운 칼날로 무장되어 있다. 칼날이 그를 베어버린다. 피가 뿜어져 나오고, 오장육부가 모두 삐져나온다. 켈레는 너무 고통스러워서 참을 수가 없다.

"이런! 나를 위로 끌어올려! 너무 아파. 죽을 것 같아. 상처를 입었어. 몸 전체가 찢어졌어."

그들은 그를 끌어올린다. 그의 오장육부가 다 늘어져있다.

"너무 아파. 우리 포기하자. 사람들을 그냥 내버려두자. 내 몸이 산산 조각났어. 여기에서 내가 죽음을 만났어."

그들은 사냥감(사람들)을 그냥 두고 떠난다.

해양 축치족 케울린이 들려준 이야기, 미스콴 마을, 1900년 10월.

6. 바다 사냥 주문

이것은 바다 사냥감을 잡기 위한 주문이다. 배를 타고 나간 사냥꾼들이 얼음 위에서 자고 있는 해마 떼를 발견했다. 그런데 얼음이 단단하지 않아서 배가 주위에 떠다니는 작은 얼음 조각들에 부딪쳐 시끄러운 소리가 난다. 그러나 해마들은 자고 있다. 한 사람이 주문을 왼다. 그는 말한다.

"해마야! 내가 너의 귀를 넓은 강철 냄비 속에 넣는다. 톡톡 두드리는 소리가 들릴 거야."

그러면 사냥꾼들이 다가가서 해마를 모두 잡을 수 있다.

해양 축치족 맹인 비옌토가 들려준 이야기, 마린스키 포스트, 1900년 10월.

7. 아픈 사람을 치료하기 위한 주문

병으로 고통 받는 사람이 너무 쇠약해져서 죽어갈 때, 그는 온 힘을 다해 집 밖에 나와서 무엇인가로(예를 들면, 눈으로) 몸을 문지른다. 그러면 다른 사람이 상층계의 수정 강을 부르면서 이렇게 말한다.

"오, 수정 강이여! 내려오소서. 제가 당신을 나의 조수로 부리기를 원합니다."

그는 동풍도 부른다.

그러면 큰 비가 내린다. 강물이 많이 불어난다. 환자는 급류가 된다. 모든 것이 휩쓸려 가 버리고 아무 것도 남지 않는다. 그들은 (제물로) 무엇인가를 물에 던진다. 물살이 모든 것을(쓰레기를) 휩쓸고 간다. 그러면 아픈 사람이 낫는다. 그를 집안으로 도로 데려간다.

해양 축치족 레케우기가 들려준 이야기, 마린스키 포스트, 1900년 10월.

8. 위장병을 치료하는 주문(난콰텔켄 에우간)

나는 큐우르킬을[35] 부른다. 나는 이 배가 바다의 만이 되게 한다. 만은 얼음으로 얼어붙었다. 쓰레기가 가득하다. 모든 쓰레기가 거기 얼어붙었다. 쓰레기는 내 위장병이다.

"너, 나의 위장아! 너는 고통으로 가득하구나. 내가 너를 얼어붙은 만, 아주 오래된 나쁜 부빙이 되게 한다."

나는 큐우르킬을 부른다.

"큐우르킬이여! 당신은 아주 먼 시간부터 여행을 다닙니다. 당신의 도움을 바랍니다. 당신은 이 만을 어떻게 하시렵니까? 그것은 얼어붙어 있습니다. 장난기 많은 사람들이(적의를 품은 샤먼을 의미함) 그것을 얼어붙게 했습니다. 당신은 강한 부리를 가졌습니다. 어떻게 하시렵니까?"

그러면 큰까마귀는 얼음을 깨부순다. 사실 부서지는 것은 위장병이다. 물 아래 깊은 곳에서 부서지는 모든 것을 떠내려가게 한다. 그것은 떠내려간다.

그러면 그는[36] 도움을 청한 사람에게 와서 말한다.

"끝냈어요."

"좋아요."

이제 나는 위대한 해풍을[37] 부른다.

"오, 위대한 해풍이여! 흐르는 저 넓은 강을 해안으로 되돌리소서."

해풍, 큰 폭풍, 높은 파도가 온다. 나는 그들을 모두 부른다.

그는 자신의 손가락이 이것들인 양 한다. 그는 병자의 뱃가죽을 잡

35) 설화와 신화에 나오는 큰까마귀의 이름이다.

36) 주문을 외우는 사람을 말한다. 나에게 이 주문을 말해준 사람은 1인칭과 3인칭으로 번갈아가며 말했다.

37) 북극해의 북풍, 태평양의 동풍을 말한다.

는다. 주문을 외는 사람이 손을 병자의 위장 위에 올려놓고, 자신의 손바닥이 파도인 듯 시늉을 한다. 그러면서 말한다.

"여기 내가 모든 쓰레기를 치우고 있다. 그것을 떠내려가게 한다."

그리고 마치 바다에서 불어오는 큰 바람의 숨결이 그를 끌어가는 것처럼 뒤로 쓰러진다.

그다음 바다는 썰물이 시작된다. 조수가 최저가 된다. 이곳의 오래된 조약돌들은(사실 이것은 그의 내장이다.) 물이 없다. 덮개가 전혀 없다. 그것들 주위에는 물이 없다.

"내가 너를 마른 땅이 되게 한다. 너로 하여금 마른 모래 해안이 되게 한다."

북슬북슬 털이 난 구더기가 모래 위를 굴어가고 있다. 그것은 땅에서 나온 모든 쓰레기를 자신의 털에 감는다.

주문을 외는 사람이 입김을 분다. 자신의 손바닥에 침을 바른다. 밖에서 눈을 조금 가져와 입안에서 녹인다. 그리고 풀 한 잎을 가져와 병자의 목에 감는다. 손바닥에서 침을 닦아낸다. 그러면 끝이다.

사람들이 사례할 것을 가져온다. 그것은 소시지이다. 그들은 모형 가죽 가방을 만들어 거기에 약간의 소시지와 가죽 대신 마른 나뭇잎들과 작은 고기 한 조각과 토막 낸 가죽줄을 넣는다.

주문을 외는 샤먼은 이것들을 받아서 집에 가져간다. 그는 천막 뒤에 있는 제물을 드리는 장소에 간다. 거기에서 모든 것을 꺼내 놓는다. 소시지 몇 조각을 칼로 찌른다. 이것은 도축할 순록들이다. 그는 주문의 실체에게 제물을 뿌려준다. 모든 가죽줄과 구슬과 담배를 뿌려준다.

이것을 끝내고 집에 들어간다. 저녁이 오면 안쪽 방에 들어간다. 다음 날 아침 사람들이 일어나 병자를 방문한다. 그들이 병자에게 말한다.

"이보게, 자네 어떤가?"

"좀 나아졌어요."

그러면 샤먼이 작은 강을[38] 가져와서 요강에 붓는다. 이것은 추가적인 치료법으로 사용된다. 이것을 병자의 전신에 바른다. 그때부터 병자는 나아지기 시작해서 때가 되면 완전히 회복된다. 끝.

해양 축치족 케울린이 들려준 이야기, 미스칸 마을, 1900년 10월.

38) 즉, 물을 조금 가져온다. 그 물은 주문의 효력으로 작은 강으로 변한 것으로 여겨진다.

9. 죽어가는 자를 되불러오는 주문

사람이 방금 죽어서 아직 내부 침실에 누워있는 동안, 다른 사람은 광야로 간다. 그 사람은 나가서 상층의 존재 아침 여명에게 말한다.

"내 마음이 불확실합니다. 충분해요.[39] 내가 누구에게 도움을 청할 수 있을까요? 당신이 가장 적합합니다. 나에게 당신의 개를 주세요. 그것을 나의 개로 사용하겠습니다. 나는 이 아이로 인해 슬픕니다.[40] 그 애가 먼 곳으로 떠났어요. 그러니 내가 개를 조수로 사용하게 해주세요."

그는 왼손으로 마치 어디에선가 개를 받는 듯 한 동작을 한다. 그리고 돌아와서 죽은 사람의 귀에 입김을 불어 넣고 개처럼 이렇게 짖는다.

"우우, 우우!"

그러면 이 개는 떠나간 죽은 사람을 뒤쫓기 시작한다. 그 개는 짖으면서 그를 따라간다. 개는 그의 앞쪽에 나아가 길에서 사납게 짖으면서 그를 마주본다. 개는 그를 가지 못하게 물고, 길 사방을 막아선다. 결국 그 개는 그를 긴 여행에서 돌아오게 한다. 그는 자신의 몸에 들어가 다시 그 몸을 입어야 한다. 그러면 그는 다시 숨을 쉬기 시작하고 점점 나아진다. 그가 정말 죽었었다 할지라도 그렇게 다시 살아난다.

해양 축치족 리케우기가 들려준 이야기, 마린스키 포스트, 1900년 10월.

---

39) 랏타능아웅인("충분한")은 "이야기하기를 멈추다"와 "의심을 멈추다"를 의미하기도 한다.

40) 주문을 외는 사람은 아픈 아이를 부른다.

10. 남편에게 버림받고 연적을 질투하는 여자의 주문(에우간 응에우스쾌태 우왜큐치태 엔쿠 리뇨)

너는 그 여자다. 너는 내 남편의 사랑을 아주 많이 받고 있다. 그래서 남편이 나를 거부하기 시작한다. 그러나 너는 인간이 아니다. 나는 너를 자갈밭 해안에 누워있는 썩은 고기, 부패하여 부풀어 오른 오래된 썩은 고기가 되게 한다.

나는 내 남편을 수콤이 되게 한다. 그 곰은 먼 땅에서 온다. 그는 오랫동안 굶주려 매우 배가 고프다. 그가 썩은 고기를 본다. 그것을 보고 먹어 치운다. 잠시 후에 그것을 토해낸다. 나는 너를 토해낸 음식물이 되게 한다. 내 남편이 그것을 본다. 이제 그것은 그에게 쓸모가 없다. 그는 그것을 꼴도 보기 싫어한다.

나는 내 몸을 방금 털갈이한 어린 비버가 되게 한다. 머리카락을 부드럽게 만든다. 이 여자, 내 남편이 좋아하는 이 여자, 남편은 그녀를 떠난다. 나를 원한다. 그녀는 보기 역겹기 때문이다.

(그녀는 침을 뱉어서 머리부터 발끝까지 몸 전체에 침을 바른다. 남편은 그녀를 좋아하기 시작한다.)

최근에 방치된 나, 나는 그에게 몸을 돌린다. 나는 그로 인해 죽을 것 같은 고통이 된다.

그가 여기에서 나는 냄새에 이끌리도록 하라. 그래서 나를 원하도록 하라. 내가 그를 거부하더라도 그가 더욱 나를 원하도록 하라.

그러면 정말 남편은 전에 사랑하던 여자를 떠난다.

해양 축치족 여인 아콩응아가 들려준 이야기, 체친 마을,1901년 5월.

노래

1.[41)]

개를 이끌고 오는 저 여행자는 어느 나라에서 오는가? 돌아오는 길에 그는 채찍도 없이 왔네. 그럼 내가 서둘러 앞으로 나가야지. 서둘러 노래하러 걸어가야지. 즐겨보세.

2.

우웰렌에서 온 저들이 노래하네.

41) 이 노래와 아래에 소개된 몇 곡의 노래는 East Cape 근처 우웰렌 마을 해양 축치족의 노래이다. 나는 이 노래들이 단순히 에스키모의 노래를 모방한 것이라고 생각한다. 우웰렌 주민의 반이 너어칼렌 에스키모이다. 우웰렌의 축치족은 모든 해양 축치족들 중에서 가장 영리하고 모험심이 강한 것으로 유명하다. 그들은 상거래에 나서고, 베링해협 양안의 에스키모를 방문하는 데에 많은 시간을 보낸다. 나는 1900년 5월에 인디안포인트(Indian Point)에 있는 웅이사크에 사는 코티르긴이란 사람으로부터 가사를 채록했다. 그는 반은 축치족이고 반은 에스키모인 혼혈이었다. 가사도 곡조도 즉흥적으로 만들어진 것이 아니었다. 그래서 코티르긴이 틀리면 다른 젊은이들이 즉시 이구동성으로 바로잡았다. 아래의 모든 노래들은 축음기로 녹음되었다.

인초윈에서 온 저들이 빙빙 도네.
여인들이 춤을 추네.
너어칸에서 온 저들이 빙빙 도네.
그들은 배 덮개를 기운 저들을 겁을 줘서 쫓아버렸네.
이맬린에서 온 저들이 젊은이들의 노래를 듣고 있네.

코티르긴으로부터 채록, 인디안포인트, 1901년 5월.

3.

이 작은 여행자는 어디에서 오는가.
아 작은 여행자는 바람이 불어가는 쪽에서 오는가?
오, 그건 케우에우테간이구나.
(그의 썰매에는) 야생 순록 가죽이 실렸네.
저기 바람이 불어가는 쪽에서 오는 게 누구인가?
오, 그건 펭에우테긴이구나.
그의 썰매에는 얼룩무늬 가죽이 실렸네.

코티르긴으로부터 채록, 인디안포인트, 1901년 5월.

4.[42]

난 어디로 가야 하나? 에운문의 나라로. 무얼 타고 돌아오나? (미국 포경선) 증기선을 타고. 어떤 사람들이 기뻐하나? 우웰렌에서 돌아온 자들이 기뻐하네.

42) 이 노래는 앞의 노래와 마찬가지로 다소 리드미컬하다.

코티르긴으로부터 채록, 인디안포인트, 1901년 5월.

5.

오, 여인들아! 우리 노래하세.

기억을 더듬어 노래하세. 이 노래를 하세. 너희 남자들이여, 춤을 추어라.

코티르긴으로부터 채록, 인디안포인트, 1901년 5월.

6.[43)]

나에게 웅이사크의 곡조를 사용하게 해주시오.

다만 부러워서 그것을 사용하게 해주시오.

코티르긴으로부터 채록, 인디안포인트, 1901년 5월.

7.

이 작은 여행자는 어디에서 오는가?

아하, 그는 바다 사람의 하나로구나.

저런, 가련한 것!

가련한 작은 여행자여.

코티르긴으로부터 채록, 인디안포인트, 1901년 5월

43) 이 노래의 곡조는 웅이사크 마을 출신의 에스키모의 것이다. 노래에 쓰여 있는 것처럼 "다만 부러움때문에" 우웰렌의 가수가 이 곡조를 사용했다.

8.

나는 졸음이 온다네. 사랑스런 작은 여인, 사랑스런 작은 나쁜 것, 귀여운 작은 것, 작고 살찐 것, 장난꾸러기!

코티르긴으로부터 채록, 인디안포인트, 1901년 5월.

9.

발콸렌의 작은 새들이 (노래하네) “에헤헤헤헤이!”

해양 축치족 차플락으로부터 채록, 체친 마을, 1901년 5월.

10.

순록 사람 여인의 집에서 그가 콧물을 훌쩍이며 작고 오목한 숟가락으로 스프를 먹고 있다네.

텔캡 툰드라 순록 축치족 애물린의 노래, 마린스키 포스트에서 채록, 1901년 3월.

11.

나로 하여금 텔캡 여인 우푸풍에의 사랑을 만나는 노래를 부르게 하라.

순록 사람 여인에게 속한 언 스프와 음식과 제물을 먹어라.

텔캡 툰드라 순록 축치족 앙콰누크와트의 노래, 마린스키 포스트에서 채록, 1901년 3월.

12.[44)]

나는 털이 달린 외투를 입은 여인, 작은 암새 앙아우골힌이라네.

순록 축치족 맹인 비엔토의 노래, 마린스키 포스트에서 채록, 1900년 10월.

13.[45)]

나는 누구에 의해 태어났을까? 나는 조그만 어머니에 의해 태어났지. 그러면 난 왜 태어났을까?

44) 이 노래에서 가수 맹인 비엔토는 자신을 여자라고 한다. 그리고 자신에게 실제 이름과는 전혀 다른 여자의 이름을 붙인다. 노래를 녹음하면서 비엔토는 매우 높은 음까지 냈고, 결국은 히스테리 발작으로 끝났다. 이것은 그의 노래가 주문과 결합된 일종의 울부짖음이었기 때문이었다. 그는 암울하고 배고픈 삶 때문에 우울함과 슬픔을 느낄 때 곧잘 그 노래를 불렀다.

45) 러시아식으로는 니콘으로 불리는 타르가티르긴은 중부 아나디르 출신의 강 축치족으로 나에게 이 노래를 불러준 사람이다. 그는 어느 정도 러시아화되어 있었고, 러시아어를 유창하게 구사했다. 확신할 수는 없지만, 아마 그의 노래는 러시아의 영향이 배어있음에 틀림없다. 그 곡조는 특성상 매우 축치적이었고, 그는 광대버섯에 취해 이 노래를 부르곤 했다. 그는 광대버섯을 매우 좋아해서 많이 사용했다. 이 노래는 아나디르강 어귀에서 마르코바로 여행할 때 야간캠프에서 기록되었다.

샤먼의 노래

아래에 제시된 샤먼의 노래 두 곡은 절반쯤은 즉흥적인 것이다. 이런 일은 축치족 사이에서는 보기 드문 일이며 에스키모 사이에서 더 흔하다. 아래의 노래 두 곡도 축음기로도 녹음되었다.

첫 번째 노래는 노우로오타긴이라는 샤먼의 노래이다. 그는 그가 없는 곳에서 그의 샤먼 노래를 사용하는 체친 마을 여자들과 소년들의 뻔뻔스러움에 대해 불평한다. 이러한 불평은 축치인들 사이에서는 일반적인 것이다. 축치인들은 의례나 샤먼 행위에 사용하는 곡조에 매우 신경을 쓴다. 한편, "진짜 샤먼(리이-엥엥일린)"의 노래를 들은 사람들이 그 노래와 곡조를 도용하여 사용하는 경향이 있다. 노우로오타긴은 북을 치러 마을에 왔다. 북을 치며 땅속에 있는 켈레와 이야기한다. 켈레는 호흡으로 무례자들을 빨아들여 땅속으로 끌고 갈 것이다.

두 번째 노래의 가사는 축치 지역에만 있다. "카이우흐루타"라는 단어로 시작되는 마지막 두 줄은 아이완 에스키모어이다. 혼혈공동체의 일원인 에이무이는 축치어로 시작하여 에스키모어로 마쳤다. 그는 그렇게 하는 것이 더 쉽다고 했다. 사실, 그 마을의 많은 주민들이 이처럼 한 언어로 시작하여 다른 언어로 끝내는 방식으로 말을 한다.

언어에 관해서 말하자면, 첫 번째 노래의 '테칭인쾌이애'와 두 번째 노래의 '부크와타긴'이라는 고유의 이름들을 언급해야 하겠다. 이것들은 축치인과 관련되어 사용되기는 하지만 정확한 축치어는 아니다. 그것들은 '체칭인쾌이애'와 '부크부테긴'이어야 한다. 교체된 발음은 이 단어들의 에스키모어 발음과 다소 일치한다. '테식'은 '체친'의 에스키모식 발음이다. '부크부테긴'은 축치 이름이며, 축치어로 "바위 경계"를 의미한다. 에스키모가 사용할 때는 그 형태가 '부크와타히크'이다.

두 번째 노래에서 샤먼이 두 마리의 개를 데리고 여행하는 것으로 묘사된다. 그는 큰 호수 근처의 땅에 있다. 흉내 내는 성격의 켈레가 그를 망상에 사로잡히게 했다. 어떤 작은 강의 얼음을 타고 갈 때 그는 얼음이 갈라진 것으로 보였다. 그래서 그는 건너가지 못했다. 그러나 잠시 후 갈라진 틈이 막힌 것을 보고 그 위로 가서 얼음을 탔다. 마침내 그 샤먼은 말한다.

"저 흉내 내는 정령을 어떻게 할까?

개들은 "텐네타트 개들"이라고 불린다. "텐네타트"라는 단어는 축치어로는 아무 의미가 없고, 켈레 언어의 단어라고 한다. 나는 축치 주문과 샤먼의 노래들에서 유사한 성격의 단어를 두어개 더 발견했다. 이 단어들은 켈레 언어에 속한 것으로, 그 기원과 의미는 확인할 수 없다고 한다. 한편, 아시아 에스키모는 아메리카 에스키모와 마찬가지로 정령들의 언어에 속하는 단어 목록을 가지고 있으며, 주문과 샤먼 행위에만 사용한다. 이 모든 단어들은 은유적 용어들 또는 폐어들이다. 이들 중 아시아에서 사용되는 어떤 단어들은 아메리카 에스키모 기원에서 유래되었다.

14.

노우로오타긴[46]이 나를 흉내 내고 있었다네. 그는 에운문의 나라에서 돌아오고 있었다네. 그는 노래를 부르며 집으로, 체친 땅으로 오고 있었다네. 그의 노랫말은 사람들의 웃음거리가 되었다네. 체친 소년들은 늘 그의 노랫말을 따라했다네. 흉내 내는 여인들도 항상 그의 노랫말을 썼다네. 그는 북을 가지러 집에 왔다네. 집에 와서 북을 쳤다네. 그러자 땅속에서 켈레가 말했다네. "어떻게 할까? 내 숨길로

46) 원전 텍스트에서 일반 형태 대신 자주 사용되는 명사의 확대형이다.

그를 땅 밑바닥까지 끌어내려야지." 아야콰, 야콰, 야콰이! 끝났네. 끝났네.

해양 축치족 에이무이의 가사를 기록, 체친 마을, 1901년 5월.

15.

지금 막 켈레 소년이 어머니에게 말했네. "엄마, 밖에 나가서 작은 여행자를 손짓해 불러요. 난 그를 '기분풀이 친구'로 삼고 싶어요. 입구를 열어 젖혀요. 두 마리의 개, 텐네타트 개를 가진 이 작은 여행자, 호수 근처 나라에서 온 그가 나를 흉내 내고 있어요." 이 갈라진 얼음 틈을 어떻게 하나? 오, 저절로 매워졌네. 나는 건넜네. 정말 내가 그 위로 갔다네. 나를 조금도 가엽게 여기지 않은 부크와타힌, 그를 어떻게 할까? 어떻게 어떻게 어떻게? 그렇게, 그렇게, 그렇게.

해양 축치족 에이무이의 가사를 기록, 체친 마을, 1901년 5월.

16.[47)]

1. 큰 바위야, 움직여라. 차이부우르긴을 보고 싶다.
   큰 빙구야, 움직여라. 차이부우르긴을 보고 싶다.
2. 모든 사람이 죽고, 모든 사람이 사라지게 되었다.
   파르칼은 사람을 갈망했다. 우리 둘만 거기에서 살자.

---

47) 이 노래들은 콜리마의 순록 축치족들에게서 췌록되었다. 이 노래들은 모두 여자의 노래이다. 그래서 축치어 텍스트의 첫줄에 남성 대명사(그레피트)로 나와있다. 여성 대명사(그쉐피트)가 쓰인 두 번째 줄은 š가 독일어의 z처럼 발음된다.

3. 한번은 요옴콰이이가 숫순록이 끄는 썰매를 타고 갔다.
   (Once Yo'omqai by a cross pulling reindeer-buck cross sitting was carried.)
4. 검은 딱정벌레 여인이 제물을 드리는 갈라진 틈에서 감사절 의례를 행했다.

IV

격언, 수수께끼, 속담

이 장에는 중부 아나디르강 유역에 사는 강 축치족들 사이에서 수집된 수수께끼가 수록되어 있다. 그들은 아마도 러시아의 영향을 받아 발생했을 것이다. 그것들 중 일부는 러시아어에서 번역된 것이다. 전반적으로 축치족들에게는 수수께끼가 없다. 이런 종류의 짧은 창작물로는 약간의 속담과 짧은 이야기들이 있을 뿐이다. 그들 중 몇은 여기에 수록했고, 나머지는 저자의 "축치 자료들(Chukchee Materials.)"에 수록하였다. 소위 "웃긴 이야기들"과 낱말놀이도 있다. 그중의 일부도 여기에 수록하였다.

속담(바이르구-웻하우)[48)]

1. 거짓말쟁이의 말을 듣는 것은 따뜻한 물을 마시는 것과 같다. 아무런 만족도 얻을 수 없다.
2. 배변하고자 하는 욕망은 그 어떤 위대한 장교보다도 더 기세가

48) 축자적으로 번역하면 "존재-말"이다.

등등하다.

3. 작은 생쥐도 화날 때가 있다.
4. 내 성격은 고기기름처럼 부드럽다.
5. 그는 엉덩이까지 뉘우쳤다. (He repented of it even to his very buttocks.)
6. 작은 무리는 짧은 올가미와 같다.
7. 게으른 이웃에게는 늙은 순록(과 음식)을.

• • •

수수께끼(콜로-웻하우테)[49]

1. 아홉 개의 구멍을 가진 늙은 것 - 남자
2. 밖에 있다가 절하고 들어가서 눕는 것 - 도끼
3. 밖에서 옷을 입고 들어가서, 외부천막에서 벗는 것 - 오리나무[50]
4. 늙은 여자가 화난 늙은 남자에 의해 방귀를 뀌게 되는 것 - 짝짓기 하는 곰
5. 풀로 묶인 어깨뼈 - 손가락에 낀 반지[51]
6. 네 개의 구멍과 하나의 길을 가진 것. - 나무 집[52]
7. 움직이지만 흔적이 없고, 베지만 피를 내지는 않는 것 - 움직이는 배.
8. 둥글고, 한 개의 눈이 있는 것으로, 여자들이 사용하고 나서 버

---

49) 축자적으로 번역하면 "난해한 말", 즉 수수께끼이다.
50) 오리나무 껍질을 벗겨서 무두질하는 데 쓴다.
51) 순록이나 바다표범의 어깨뼈를 풀로 둘러 묶어 점치는데 사용한다.
52) 강 축치족은 단순한 구조의 나무 오두막에 산다. 오두막은 굴뚝과 연기구멍과 창문이 하나 있다. 이것들이 입구와 더불어 수수께끼의 네 개의 구멍이다.

리는 것 - 쇠 긁개[53]

9. 여자가 그것의 눈을 찌르면 화가 나서 입술을 깨물고 하늘로 올라가는 것 - 램프[54]

10. 나는 머리가 아프고, 코피를 흘린다. 내 코피를 멈춰라! - 광대버섯 [55]

•••

짤막한 웃긴 이야기들

1. 한번은 씨범꼬리의 뿌리가 얼음 위에서 머리를 긁었다.
2. 위대한 까마귀가 좁은 집에서 감사절 의례를 행했다. 그러자 그의 힘줄이 쥐가 났다.
3. 작은 새가 바다코끼리 가죽 끝에 난 구멍에서 결혼을 했다. 성기의 피부가 벗겨졌다.

53) 긁개의 쇠 날은 둥글고, 중앙에 구멍이 하나 있다.

54) 등불이 잘 타지 않으면 여자들이 그것(의 눈)을 찌른다. 그것이 "화가 나서" 밝게 타기를 거부하면 그것을 받침대 위에 올려둔다.

55) 광대버섯에 취했다가 깨면 극심한 두통을 일으킨다. 이 두통은 그것을 또 먹어야 완화된다.

축치 이야기

Chukchee Mythology

I

창조설화[56)]

1. 까마귀 이야기[57)]

첫 번째 버전

까마귀와 그의 아내가 함께 살았다. 까마귀는 그 누구에 의해서도 창조되지 않았다. 까마귀는 스스로 창조된 자이다. 그들이 살고 있는 땅은 매우 작았다. 그들의 바람대로 그들이 사는 곳에는 점토가 충분했다. 게다가, 거기에는 사람이 없었다. 거기에는 어떤 다른 살아있는 피조물도 없었다. 전혀 없었다. 순록도, 바다코끼리도, 바다표범도, 물고기도, 홀로 사는 존재도. 여자가 말했다.

"큐우르킬."[58)]

"왜?"

56) 텟-템왓-티그니켄 핑일테(축자적으로 번역하면, "새로운-창조-한계-소식"이다.)

57) 몇몇 다른 에피소드를 가진 이 이야기의 변이형들은 축치족들 사이 어디에서나 만나볼 수 있다. 그 일부를 나의 "축치 자료들"에 수록했다. 또한 홍수에 대한 언급도 있는데, 이는 아마도 러시아에서 차용된 듯하다.

58) 큐우르킬은 까마귀의 이름이다.

"우리만 있는 것이 심심해요. 이런 건 즐거운 삶이 아니에요. 가서 땅을 창조하는 것이 더 나을 거예요."

"정말 나는 못해."

"당신은 할 수 있어요."

"분명히 말하는데, 난 못해!"

"그럼 좋아요. 당신이 땅을 창조할 수 없다면, 그러면 적어도 내가 '기분풀이 친구(spleen-companions)'를[59] 만들어 볼게요."

"좋아, 그럽시다."

• • •

그의 아내가 말했다.

"난 자러 가겠어요."

큐우르길이 말했다.

"난 안 잘 거야. 난 당신을 지켜보겠어. 당신이 어떻게 되는지 보겠어."

"좋아요."

그녀는 누워서 잠이 들었다. 큐우르킬은 자지 않았다. 그는 지켜보고 또 지켜보았다. 아무 일도 일어나지 않았다. 그녀는 변함이 없었다. 물론 그의 아내도 그와 마찬가지로 까마귀의 몸을 하고 있었다. 그는 다른 쪽도 보았다. 변함이 없었다. 그는 앞을 보았다. 그랬더니 그녀의 발에 열 개의 사람 발가락이 천천히 움직이고 있었다. "오, 이런!" 그는 자신의 발을 뻗어 보았다. 여전히 까마귀 발톱이었다. 그가 말했다.

"오, 난 내 몸을 바꾸지 못하는군!"

그리고는 다시 보았다. 아내의 몸은 우리 사람처럼 깃털이 없고 하

59) 에뭉올-템긴.

얘져 있었다. 그는 자신의 신체를 변화시키려고 해보았다. 하지만 그가 어떻게 할 수 있겠는가. 그가 몸을 비벼서 깃털을 뽑아낸다 하더라도 그가 어떻게 그런 일을 할 수 있을까? 여전히 까마귀 몸에 까마귀 깃털이다. 그는 다시 아내를 보았다. 그녀의 배가 커졌다. 그녀는 자면서 어떠한 수고도 없이 창조했다. 그는 놀라서 얼굴을 돌렸다. 그는 계속 보기가 두려웠다. 그가 말했다.

"난 안볼 거야!"

잠시 후 그는 다시 보고 싶어서 참을 수가 없었다. 다시 보았다. 그랬더니 짜잔! 이미 세 명이었다. 그의 아내는 순식간에 출산을 했다. 그녀는 남자 쌍둥이를 앞으로 데려왔다. 그녀가 한 일이라곤 잠에서 깬 것뿐이었다. 셋 모두 우리 인간과 같은 몸을 하고 있었다. 까마귀만이 여전히 까마귀의 몸이었다. 아이들이 까마귀를 보고 웃으며 말했다.

"엄마, 저건 뭐예요?"

"너희 아버지란다."

"아버지라고요! 세상에! 하하하!"

아이들이 더 가까이 와서 발로 까마귀를 밀었다. 그는 "깍, 깍" 울면서 날아서 피했다. 그들이 또 웃었다. 어머니가 말했다.

"얘들아! 너무 어리석구나. 너희들에게 질문을 할 때만 말해야 된다. 그게 너희들에게 더 나아. 어른이 말하는 거야. 너희들은 웃어도 좋다는 허락을 받을 때만 웃어야 해. 너희들은 어른 말을 듣고 따라야 한다."

아이들은 그 말을 듣고 웃음을 그쳤다.

• • •

까마귀가 말했다.

"여보, 당신이 사람을 창조했어! 이제 내가 가서 땅을 창조해봐야겠어. 만약 내가 돌아오지 않으면, '그이는 물에 빠져죽었어. 거기 그대로 내버려둬.'라고 해도 좋아. 나는 한번 시도해볼 거야."

그가 날아갔다. 먼저 그는 모든 자비로운 존재들(바이르기트)을 찾아가서 조언을 구했다. 그러나 아무도 말해주지 않았다. 다음은 여명에게 물었다. 말해주지 않았다. 그는 일몰에게도, 저녁에게도, 정오에게도, 천정에게도 물었다. 그러나 아무도 답해주거나 조언을 해주지 않았다. 결국 그는 하늘과 땅이 합쳐진 곳에 갔다. 거기 구멍 속에서, 하늘과 땅이 합쳐진 곳에 천막이 한 채 보였다. 그것은 사람들 옷의 주름장식처럼 보였다. 그들이 시끄럽게 떠들고 있었다. 까마귀는 불똥이 튀어 생긴 구멍으로 안을 엿보았다. 벌거벗은 등이 많이 보였다. 그는 깜짝 놀라 튀어올라 옆으로 달려갔다. 그리고는 거기에 서서 벌벌 떨고 있었다. 너무 무서워서 그가 하려는 일에 대한 자부심을 모두 잊어버렸다.

•••

벌거벗은 사람 한 명이 밖으로 나오며 말했다.

"뭔가 지나가는 소리가 들렸는데 어디 있지?"

한 쪽에서 대답이 들려왔다.

"나요."

"어휴 놀라라. 당신은 누구세요?"

"난 창조자가 되려고 합니다. 나는 큐우르킬, 스스로 창조된 자예요."

"그래요?"

"그런데 당신은 누구세요?"

•••

“우리는 땅과 하늘이 만나는 충돌로 인해 먼지에서 창조되었어요. 우리는 번식하여 땅 위의 모든 사람들의 첫 번째 씨가 될 거예요. 하지만 땅이 없어요. 누군가 우리를 위해 땅을 만들어줄 수 없나요?”

“내가 해보겠소.”

까마귀와 그 사람은 함께 날아갔다. 까마귀는 날아가며 똥을 쌌다. 모든 똥 덩어리가 물위에 떨어져 빨리 커지더니 땅이 되었다. 모든 똥 덩어리가 땅이 되었다. 대륙과 섬들이 생겼다. 땅이 아주 많아졌다.

까마귀가 말했다.

“됐어요. 봐요. 충분하지 않나요?”

그의 동행이 말했다.

“아직요. 아직 충분하지 않아요. 깨끗한 물도 없어요. 그리고 땅이 너무 평평해요. 산이 없잖아요.”

“그럼 내가 다시 해볼까요?”

까마귀는 오줌을 싸기 시작했다. 오줌이 한 방울 떨어진 곳에 호수가 생겼다. 많이 싼 곳은 강이 되었다. 그 후에 그는 매우 단단한 똥을 싸기 시작했다. 커다란 똥 덩어리들은 산이 되고, 작은 덩어리들은 언덕이 되었다. 땅 전체가 지금처럼 되었다.

•••

그런 다음 까마귀가 말했다.

“자, 이젠 어때요?”

그 사람이 보더니 말했다.

“아직도 충분치 않은 것 같아요. 저렇게 물이 많지만 않다면 될 것 같아요. 언젠가는 물이 많아져서 땅 전체가 물에 잠길 거예요. 산 꼭대기도 보이지 않게 될 거예요."

좋은 친구인 까마귀는 더 멀리 날아갔다. 그는 최대한 열심히 땅을 만들었다. 그는 매우 지쳤지만 강과 호수를 위해 물을 만들었다.

"자 이제 아래를 내려다 봐요. 됐나요?"

"충분한 것 같아요. 홍수가 오더라도 적어도 산꼭대기는 물 위에 남아있을 거예요. 예, 됐어요. 그런데, 우리는 뭘 먹고 살죠?"

•••

좋은 친구인 까마귀는 날아가서 다양한 종류의 나무를 찾았다. 자작나무, 소나무, 포플러, 사시나무, 버드나무, 반석 소나무, 참나무 등 종류도 다양했다. 그는 손도끼로 나무를 찍어 나무 조각들을 물속에 던졌다. 나무 조각들은 물에 휩쓸려 바다로 떠내려갔다. 소나무를 찍어 조각을 물에 던지자 바다코끼리가 되었다. 참나무 조각은 바다표범이 되었다. 반석 소나무 조각은 북극곰이 되고, 작고 검은 자작나무 조각은 큰 고래가 되었다. 다른 모든 나무 조각들도 물고기, 게, 벌레 등 바다에 사는 온갖 생물이 되고, 또 야생 순록, 여우, 곰 등의 육지에 사는 모든 사냥감이 되었다. 까마귀는 그 모든 것을 창조하고 나서 말했다.

"이제 당신들에게 음식이 있어요."

그 사람의 아들들은 어른이 되어 분가하여 여러 방향으로 갔다. 그들은 집을 만들고 사냥을 하여 많은 음식을 얻었다. 사람이 되었다. 그러나 그들은 모두 남자들뿐이었다. 여자가 없어서 사람들은 번식을 할 수 없었다. 까마귀는 생각했다.

'어떻게 해야 하지?'

작은 거미 여인(쿠르구-응에우트)이 매우 가는 거미줄을 타고 위에서 내려왔다.

"당신은 누구세요?"

"나는 거미여인이에요."

"무엇 때문에 여기에 왔어요?"

"사람들이 여자 없이 남자만 있으면 어떻게 살 건지 생각했어요. 그래서 여기 왔어요."

"하지만 당신은 너무 작아요."

"그건 아무 문제도 아니에요. 여기를 보세요."

그녀의 배가 커졌다. 그녀가 임신을 한 것이다. 그리고는 딸 넷을 낳았다. 그들은 매우 빨리 자라 여자들이 되었다.

"자, 보세요."

•••

한 남자가 왔다. 그는 까마귀와 함께 비행을 했던 그 사람이었다. 그가 여자들을 보고 말했다.

"이들은 어떤 존재들인가요? 나와 같으면서도 전혀 다른가요? 이들 중 하나를 제 짝으로 삼고 싶어요. 우리는 분가해서 혼자 살고 있어요. 그건 좋지 않아요. 심심하고 외로워요. 이들 중 하나를 짝으로 삼고 싶어요."

"하지만 굶어 죽을 거예요."

"왜 굶어요? 나는 음식이 많아요. 우리는 사냥꾼이에요. 우리 모두 다요. 아니에요. 저 사람을 배불리 먹일 거예요. 배고픔 따윈 전혀 모를 거라고요."

•••

그는 한 여자를 데려갔다. 다음날 까마귀는 그의 집을 찾아가 천막 덮개에 구멍을 뚫고 안을 엿보았다.

"저 사람들이 침실에서 반대쪽에 따로 떨어져 자고 있군. 그러면 안 되지. 어떻게 번식할 수 있겠어?"

•••

까마귀가 부드럽게 불렀다.

"이봐요!"

남자가 잠에서 깨어 대답했다.

"안녕하세요."

"여기로 나와요. 내가 들어갈게요."

까마귀가 들어갔다. 여자가 벌거벗고 누워있었다. 까마귀는 여자를 가까이 끌어당겨 그녀의 팔 냄새를 들이마셨다.[60] 까마귀의 날카로운 부리가 여자를 찔렀다.

"아, 아, 아!"

"조용히 해요. 우리 소리가 들리겠어요."

그는 그녀의 다리를 벌리고 그녀와 성교를 했다. 그러고 나서 한 번 더 했다.

다른 사람은 밖에 서있었다. 그는 추웠다. 그가 말했다.

"당신이 나를 조롱하는 것 같군요."

"이제 들어와요. 당신은 이것도 알아야 해요. 이게 당신들이 번식하는 방법이오."

그 사람이 들어왔다. 여자가 말했다.

"좋은 거예요. 한 번 더 하고 싶어요."

그 남자가 대답했다.

60) 키스하는 대신.

"난 어떻게 하는지 몰라요."

"더 가까이 끌어당겨요."

"놀랍군요."

"이렇게 하세요, 이렇게, 이렇게."

그들은 성교를 했다.

•••

그리하여 여자 아이들이 남자 아이들보다 성교하는 법을 더 일찍 알게 되었다. 이런 방법으로 인류는 번식했다.

해양 축치족 앗틴퀘우가 들려준 이야기, 마린스키 포스트, 1900년 10월.

두 번째 버전

창조자가 그의 아내와 함께 살고 있었다. 아무 것도 없었다. 땅도, 산도 없었다. 오직 물과 그 위에는 하늘만 있었다. 작은 땅 한 조각만으로도 그들이 밤에 잠자기에 충분히 컸다. 창조자가 아내에게 말했다.

"확실히 우리는 의기소침해. 뭔가 우리 친구가 될 것은 창조해야 돼."

"그래요."

그들은 각자 삽을 들고 사방으로 땅을 파기 시작했다. 그들은 아주 크고 깊게 도랑을 팠다. 모든 물이 그곳으로 흘러내렸다. 깊은 구덩이 속의 호수들과 땅이 갈라진 틈 속의 강들과 골짜기들만 남았다. 큰 도랑은 바다가 되었다. 그리고 나서 그들은 다양한 동물들과 사람을 창조했다. 그리고는 떠났다. 그들이 유일하게 깜빡 잊고 창조하지 않은 것은 까마귀뿐이었다. 그들은 캠핑 장소에 큰 겉옷(니글론)을[61] 남겨두고 갔는데, 밤에 그 옷에서 까마귀가 나왔다. 까마귀는 창조자를 방문하러 갔다.

"너는 누구냐?"

"나는 큐우르킬, 스스로 창조된 자요."

"정말 이상하군. 스스로 창조되었다니! 내가 모든 것을 창조했다고 생각했는데, 이제 와서 네가 별개의 기원이라니."

"예, 그래요. 나는 큐우르킬, 스스로 창조된 자요."

창조자가 아내에게 말했다.

"좋아. 여보, 여기 광대버섯을 몇 조각 가져와서 이 사람에게 먹도록 해. 버섯의 약효에 취하게 해."

까마귀는 광대버섯을 먹었다.

"오, 나는 큐우르킬이다! 니글론의 아들이지. 나는 큐우르킬이다! 니글론의 아들이야."

"사실, 나도 네가 스스로 창조되었다고 믿었어. 그런데 이제 보니 너는 니글론의 아들이로군. 너는 나의 것이야. 나에 의해 창조된 거야. 너는 거짓말을 하고 있어." 끝.

해양 축치족 리케우기가 들려준 이야기, 마린스키 포스트, 1900년 10월.

세 번째 버전

까마귀가 땅을 배열하고 있을 때, 한번은 그가 무릎으로 돌 한 더미를 나르고 있었다. 그는 피곤해서 돌을 하나씩 아래로 떨어뜨렸다.

61) 완전히 성장한 순록의 두꺼운 가을 가죽으로 만든 헐렁하고 넓은 겨울 옷.

그 돌들은 섬들과 해안의 절벽으로 변했다. 그런 후 그는 미스콴 만(Holy Cross Bay)의 서부에 자신의 돌집을 세우고 키이민(아메리카 해안의 프린스웨일스 케이프)을 건너갔다.

해양 축치족 발레가 들려준 이야기, 마린스키 포스트,1900년 10월.

2. 산토끼 이야기

오랜 옛날에 땅이 캄캄했다. 켈레들이 태양을 훔쳐서 집으로 가지고 갔다. 그들은 태양으로 공놀이를 했다. 산토끼가 말했다.

"내가 태양을 돌려놓을게."

산토끼는 켈레들의 천막 위로 뛰어 올라 안을 들여다보았다. 그들은 태양을 갖고 공놀이를 하고 있었다. 산토끼는 천막 안으로 뛰어내렸다.

"오! 우리가 살찐 작은 산토끼를 발견했다."

"나를 헤치지 마세요. 기름을 많이 줄게요."

"그럴래?"

"솥이 몇 개나 있어요?"

"두 개 있어."

산토끼는 발끝으로 태양을 차서 태양이 거의 통기 구멍(vent-hole)까지 튀어 오르도록 했다. 그리고 자신도 뛰어 올랐다. 그리고는 또 다시 조금 전과 똑같이 했다. 또 다시 아래로 뛰어내렸다.

"오! 우리가 살찐 작은 산토끼를 발견했다."

"헤치지 마세요. 기름을 가득 줄게요."

"그럴래?"

"솥이 몇 개나 있어요?"

"세 개."

산토끼는 태양을 차서 그것이 통기 구멍 위로 튀어 오르게 했다. 태양은 하늘 높이 날아가서 하늘에 박혔다. 그다음 자신도 뛰어 올라 밖으로 나와 도망갔다. 켈레들이 쫓아왔다.

•••

작은 산토끼가 독수리에게 갔다.

"나를 숨겨주세요. 켈레들이 나를 쫓아오고 있어요."

"알았다."

독수리는 겨드랑이에 산토끼를 숨겼다. 곧 켈레가 왔다.

"내 작은 산토끼 못 봤소?"

"봤어요. 산토끼가 위로, 천정에게로 기어 올라갔어요."

"오, 거기에 어떻게 쫓아가지?"

"내 등에 타세요. 내가 데려다 줄게요."

•••

독수리는 켈레를 위로 데리고 갔다. 한참 후에 독수리가 말했다.

"땅을 내려다보세요. 크기가 얼마 만하게 보여요?"

"큰 호수만하다."

"그럼 더 높이 놀라갑시다."

그들은 날아 올라갔다.

"다시 한 번 봐요. 이제는 땅이 얼마만해요?"

"작은 호수만하다."

"좀 더 높이 올라갑시다. 땅을 내려다 봐요. 이제는 크기가 얼마만 해요?"

"천막 덮개를 펼쳐놓은 것만 해."

"좀 더 높이 올라갑시다. 이제는 땅이 얼마만해요?"

"띠무늬물범(thong-seal) 가죽 크기만 해."

"더 높이 올라갑시다. 이제 땅이 얼마만해요?"

"(띠무늬물범 가죽으로 만든) 장화 발바닥 크기만 해."

"오, 우리 목적지에 거의 다 와가요. 이제 땅이 얼마만해요?"

"(장화 발바닥에 붙이는) 가죽 조각 크기만 해."

"목적지에 거의 다 왔어요. 이제는 땅이 얼마만해요?"

"순록가죽에 난 벌레 먹은 구멍 크기만 해. 땅이 안보여. 완전히 사라졌어."

"아, 난 너무 피곤해요. 힘이 다 빠졌어요. 등을 삐었어요."

독수리는 켈레를 떨어뜨렸다. 켈레는 밑으로 떨어졌다. 밑으로, 밑으로, 밑으로. 드디어 켈레는 땅에 도달했다. 머리는 아래로, 꼬리는 위로 하여 땅에 박혔다. 그러자 독수리가 산토끼에게 말했다.

"너를 괴롭히는 자가 약해졌어. 두려워하지 말고 나와. 그를 좀 봐."

•••

산토끼는 큰 돌망치를 만들어서 서둘러 켈레에게 갔다. 켈레의 다리가 땅 밖으로 튀어나와 있었다. 산토끼는 돌망치로 켈레의 발바닥을 내리쳤다. 켈레는 땅속으로 완전히 들어가 버렸다. 그때부터 켈레는 땅속 지하로 다니게 되었다.

해양 축치족 리케우기가 들려준 이야기, 마린스키 포스트, 1900년 10월.

3. 까마귀와 오소리 이야기[62)]

옛날에 까마귀와 오소리가 살았다. 오소리가 까마귀의 딸을 며느리로 맞았다. 그들은 그녀를 학대했다. 늘 그녀를 때렸다. 혀를 실로 묶어 놓고, 얼굴에 더러운 물고기 알을 바르고, 바다코끼리 가죽으로 만든 옷을 입혔다. 그녀를 개와 함께 두고 개먹이를 먹였다. 골수가 다 빠진 뼈를 먹였다. 그녀는 요강으로 물을 마셔야 했다.

•••

까마귀의 아들은 샤먼이었다. 어느 날 아침 아들이 자고 일어나 말했다.

"누이가 아주 나쁜 상황에 처한 것이 보여요. 그들이 누이를 매우 심하게 학대해요."

까마귀가 말했다.

"그럼 우리 그 애를 보러 가자."

"좋아요. 그렇게 하세요."

까마귀가 오소리의 집으로 갔다. 오소리가 말했다.

"어서 오세요."

까마귀가 말했다.

"예, 내가 왔습니다. 내 딸은 어디 있나요?"

"눈이 아파서 어두운 침실에 앉아있어요. 밖에 나올 수가 없어요."

"오, 저런!"

그러나 사실은 그녀는 바다코끼리 가죽을 입고 거기에 있었다. 까마귀는 그녀를 알아보지 못했다. 어두운 침실에는 오소리의 딸이 앉

62) 이 이야기와 다음 이야기는 세상 창조에 대해 정확히 언급하고 있지는 않지만 까마귀 전설에 속한다. 그래서 여기에 수록한다.

아 있었다. 오소리가 말했다.

"저런 종년이! 역겨운 것! 저년이 왜 사돈을 노려보는 걸까요? 저년이 가까이 오면 막대기로 때리세요. 저년은 냄새가 아주 고약해요."

정말 그녀가 까마귀에게 가까이 가려하자 그는 막대기로 그녀를 때렸다.

"저리 가. 냄새난다."

그들은 저녁을 먹었다. 그녀에게는 끝이 뭉툭한 칼을 주었다. 그래서 다른 사람들이 식사하는 속도를 따라갈 수가 없었다. 그녀의 칼은 날이 거의 없었다. 그들이 말했다.

"사돈 쪽에 앉아 고기를 썰어주는 저애가 너무 느리군요. 앞으로 한번만 더 고기를 늦게 썰어주면 재차 삼차 때리세요."

그녀는 그 날 없는 칼로는 고기를 썰 수가 없었다. 그래서 까마귀는 막대기로 그녀를 또 때렸다. 그는 그녀를 알아볼 수조차 없었다. 그들은 자러 갔다.

"그 애가 사돈 쪽에서 자도록 하세요. 당신을 위해 요강을 갖다 줄 수 있도록요. 다만 그 애를 조심해야 돼요. 밤에 물거든요. 늘 물어요. 그게 그 애 버릇이에요. 만약 그 애가 사돈을 물려고 하면, 두 배로 세게 때리세요."

그들은 잠을 잤다. 그녀는 아버지의 손을 잡아 자신의 혀로 가져갔다. 아버지가 자신의 묶인 혀를 만져보게 하기 위해서였다. 까마귀는 벌떡 일어나 소리쳤다.

"오, 정말 애가 날 물려고 하네."

그는 두배로 강하게 그녀를 때렸다. 그는 자신의 딸을 알아보지 못했다. 다음날 아침 그는 집으로 돌아갔다. 하룻밤이 더 지났다. 아침에 그의 아들이 일어나 말했다.

"내 누이가 아주 나쁜 상황에 처해있는 것이 보여요."

까마귀가 말했다.

"내가 다시 그 애에게 가보마."

"아니에요. 이번에는 제가 가볼게요."

아들이 오소리네 집으로 갔다. 오소리가 말했다.

"왔습니까?"

"예. 제가 왔습니다."

바다코끼리 가죽을 입은 사람이 입구 근처에 서 있었다. 까마귀의 아들은 그것을 보고 그녀를 알아보았다. 샤먼이니까.

"저 종년이, 저년이 왜 손님을 노려보는 걸까? 막대기로 때려요."

"내가 왜 그녀를 때려요? 그녀도 궁금해서 알고 싶은 거예요. 다른 사람들과 함께 있고 싶은 거라구요."

그들은 저녁을 먹었다. 그녀에게 가장 나쁜 칼이 주어졌다. 그녀는 그 칼로 고기를 썰 수가 없었다.

"정말 게으르군. 그년을 때려요. 그년이 당신에게 고기 썰어주기를 거부하고 있어요."

"내가 왜 그녀를 때려요? 그녀는 고기 썰기에 적당한 도구가 필요해요."

그리고 그는 그녀에게 자신을 칼을 주었다.

• • •

그들이 자러 갔다. 그녀는 또 그의 옆에 자야했다.

"조심해요. 그 애가 밤에 물어요."

"그래요?"

그들은 불을 껐다. 그녀는 오빠의 손을 잡아 자신의 입안에 넣었다. 그는 그녀의 혀를 묶고 있는 줄을 만져보았다. 그리고 작은 칼을 꺼내 실을 잘랐다.

• • •

실이 아주 꽉 죄여있어서 자를 때 탕하고 날카로운 소리가 났다. 사람들이 깼다.

"뭐가 이렇게 시끄럽게 탕 소리가 났지?"

그녀의 오빠가 말했다.

"내 벨트였어요."

그들은 다시 잠들었다. 그가 여동생에게 부드럽게 말했다.

"저들이 너를 이렇게 대하고 있었구나."

"그래요."

"내일 아침에 내가 떠나려고 할 때 내 썰매 근처에 있어라."

다음날 아침 그들은 그의 순록을 데려왔다. 까마귀의 아들이 말했다.

"왜 내 여동생은 침실 밖으로 나오지 않죠? 제가 가서 그 애를 보고 싶어요."

그녀의 침실에는 오소리의 딸이 아픈 체하며 앉아있었다. 그들은 마치 그녀에게 물어보러 가는 것처럼 침실에 들어갔다.

"안돼요. 그녀는 아파요. 나올 수가 없어요."

"제가 보고 싶어 한다고 말해주세요. 그 애를 나오게 하세요."

그 집 사람들이 다시 침실에 들어갔다.

"안돼요. 그녀가 거부해요. 그녀는 나올 수가 없어요."

"당신의 말은 완전히 거짓이에요. 썰매 옆에 서있는 이 사람이 내 여동생 아닌가요?"

그녀는 썰매 위에 뛰어 올라탔다. 그는 순록을 전속력으로 몰았다. 오소리들이 뒤에서 소리쳤다.

"저런, 저런! 저 사람이 우리 계집종, 우리 집 일하는 여자를 데려갔다."

그는 순록을 몰았다. 그렇게 집에 왔다. 그가 말했다.
"그들이 아버지 딸에게 무슨 짓을 했는지 보세요."
까마귀가 말했다.
"나는 저 애를 알아보지도 못했구나."
젊은 까마귀 샤먼은 그의 개를 불러서 똥을 싸게 했다. 그는 개를 남자로 변하게 하고, 똥은 아기로 변하게 했다. 그는 이 둘을 아버지와 어린 아들이 되게 했다. 그들은 얼룩배기 순록들이 끄는 마차를 타고 갔다. 썰매에는 종이 달려있었다. 모든 것이 아주 훌륭했다. 그러나 그것은 단지 개와 개똥에 불과했다. 남자는 노래를 부르며 마차를 몰았다. 무례자들의 캠프에서도 그의 노래 소리와 딸랑이는 종소리가 들렸다.
"오, 좋은 것이 지나가네. 부유한 캠프의 사람이네."
그들이 캠프에 더 가까워지자 아기가 울었다. 여자들은 동정심을 느꼈다.
"잠시 머물다 가세요. 아이가 울어요. 엄마 없는 아이네요. 아마 엄마는 죽었나 봐요."
그가 와서 멈추었다.
"당신은 누구세요?"
"우리는 봄맞이 축제(spring fair)에 가고 있어요. 내 사람들은 뒤에 오고 있어요."
"당신의 아내는 어디있나요?"
"그녀는 붉은 켈레(천연두)에게 잡혀갔어요."
"오, 아기가 가여워요. 아기를 어디에 둘까요?"
어느 여자가 다가와도 아기는 계속 더 크게 울었다. 드디어 눈병을 앓는 체했던 여자가 다가왔다. 아기는 그녀에게 손을 뻗었다. 그가 말했다.
"그녀의 얼굴이 아이 엄마의 얼굴과 닮았기 때문이에요."

그녀가 말했다.

"그럼, 들어오세요."

그들이 집안으로 들어갔다.

"내가 아기 엄마와 닮았다면, 당신이 그녀에게 했던 대로 저에게도 해주세요."

그는 그녀와 성교를 했다. 그리고 그는 개로 변했다. 그는 그녀를 돌 위로, 나무뿌리 위로 이리 저리 질질 끌고 다녔다. 그녀의 몸이 갈기갈기 찢겼다. 아기는 똥으로 변했다. 약간의 배설물만이 침대 위에 남아있었다. 끝.

순록 축치족 앗티쾌이가 들려준 이야기, 아촌 마을 근처 캠프, 1901년 4월.

4. 까마귀와 올빼미

까마귀와 올빼미가 산토끼를 두고 다퉜다. 올빼미가 발톱으로 까마귀의 목을 움켜쥐었다. 까마귀가 소리쳤다.

"감히 내 산토끼를 먹지 마라. 내가 그걸 먹을 거다. 나는 사냥꾼이다."

까마귀는 제멋대로 큰소리쳤다. 올빼미는 아무 말도 하지 않았다. 그러나 올빼미가 까마귀의 목을 아주 세게 꽉 움켜잡아서 까마귀가 항복했다. 올빼미가 산토끼를 잡아먹으려 할 때였다. 그때 여우가 올빼미를 공격했다. 여우가 소리쳤다.

"나는 위대한 사냥꾼이다. 나는 모든 것을 죽인다. 심지어 생쥐와 얼룩다람쥐도 죽인다."

올빼미는 아무 말 없이 산토기를 먹으려고 했다. 그들은 싸움을 했다. 여우가 올빼미의 등을 물었다. 둘 중에 여우가 더 강했다. 올빼미는 단념하고 날아가 버렸다. 올빼미는 창피해서 다시는 그곳에 가지 않았다. 말없는 자도 승자는 아니었다. 끝.

해양 축치족 라아나우가 들려준 이야기, 미스콴 마을, 1901년 4월.

II

잡다한 이야기들

1. 죽음에게 바치는 희생제물

바닷가에 한 무리의 말이 한 줄로 죽 늘어서 있었다. 한 소녀가 아침 일찍 일어나 가죽을 긁기 시작했다. 드디어 해가 떴다. 그때까지 침실을 나온 사람이 없었다. 해가 산 높이 떴지만 아무도 나타나지 않았다. 그녀가 말했다.

"사람들이 어디 있을까? 가 봐야겠다. 거기에서 그들이 무엇을 하고 있을까?"

그녀는 안을 들여다보았다. 모든 사람들이 자는 것처럼 누워있었다. 그들 모두 다 죽은 것이었다. 그녀는 캠프 전체에서 홀로 살아남았다. 그녀가 말했다.

"어떻게 하지?"

그녀는 모든 집에 물을 길어 가서 솥을 걸고 음식을 만들었다. 음식이 다 되자 그녀가 말했다.

"드세요."

그녀는 집에 가서 자려고 누웠다. 눈을 감자마자 아버지 목소리가 들렸다. 그녀는 잠들지 않았다. 다만 눈만 감고 있었다. 그녀의 아버지가 말했다.

"우리는 네가 음식을 해줘서 만족한다. 내일은 아침에 일어나서 하루를 지내고 나서 안쪽 방에 자러 가지 말고 외부 천막에 누워 자라. 그 다음날 밤은 천막 밖에, 그것도 천막에서 멀리 떨어진 곳에 자리를 잡아라. 열흘 동안 계속 너의 잠자리를 조금씩 멀리 옮겨가라. 네가 순록떼가 있는 곳에 도달할 때까지 그렇게 해라. 땅에 눈이 내릴 때까지 거기서 머물러라. 그 후에 다시 여기로 순록떼를 데려와라. 전부를 데려오지는 말고 조금만 데려와라. 이것을 우리에게 줘야 한다."

그녀는 밤새 잤다. 아침에 다시 물을 가져다 모든 집에서 음식을 만들었다. 그녀는 외부 천막에서 잤다. 다음날 밤은 천막 밖에서 잤다. 점점 더 멀리 가서 드디어 순록떼가 있는 곳에 도착했다. 목동들이 물었다.

"무슨 일이니?"

"모든 집 사람들이 다 죽었어요."

"오, 저런!"

"우린 집에 가면 안돼요. 첫눈이 오면 가야 돼요."

"알았다."

그들은 순록 떼와 함께 머물렀다. 눈이 내려 땅을 덮었다. 그들은 순록떼 중 일부를 데리고 점점 더 집 가까이 갔다. 그들이 캠프에 데려온 순록은 전체 순록떼 중에서 더 작은 무리였다. 더 큰 무리는 앞으로 그들 자신의 것이 될 것이었다. 그들은 데려온 순록을 잡아 희생제물로 바쳤다. 그들은 집들과 그 안에 있는 모든 것을 거기에 버려두고 떠났다. 여름 짐꾸러미(summer pile) 속에 있는 물건들만 가져갔다. 그들은 떠나버렸다. 끝.

해양 축치족 맹인 비옌토가 들려준 이야기, 마린스키 포스트, 1900년 10월.

2. 렉켕

옛날에 어떤 사람이 살았는데, 그들은 렉켕[63]이었다. 그들은 순록이 많아서 큰 떼를 이루었다. 그들 중 하나가 사람들을 방문하려고 했다. 그가 아내에게 말했다.

"우리 사람들에게 갑시다."

추운 겨울이었다. 아내가 대답했다.

"(여행을 하기에는) 너무 추워요."

그가 말했다.

"그건 아무 것도 아니오. 우리가 진짜 사냥꾼이라면 떠납시다. 물론, 순록떼와 목동들은 여기에 두고 갑시다. 그리고 무거운 천막도. 우리끼리만 가벼운 천막을 가지고 사람들을 찾아갑시다."

그리하여 그들은 출발했다. 상층의 존재가 아주 길게 나있는 그들의 썰매 자국을 보고 말했다.

"놀라운 일이군. 저들이 또! 저들이 인류를 전멸시키고 있어. 사람들은 늘 내게 도움을 구하지만, 그들은 전멸되어 가고 있어. 정말 안됐어. 그래서 교훈을 주고 싶어. 적어도 이 것 하나만큼은. 그래서 사람들의 마음이 지금보다 더 넓어지게 해주고 싶어."

그는 지팡이를 들고 떠났다. 렉켕과 그 아내는 도중에 자고 있었다. 그는 덮개가 덮힌 썰매로 가서 덮개를 들어올렸다. 거기에는 작은 아기가 자고 있었다. 한 살 난 아기였는데 작은 모자를 쓰고 있었다. 모자 꼭대기에 인간의 손가락으로 만든 술 장식이 달려있었다. 그는 지팡이로 술 장식을 건드렸다. 술 장식이 지팡이를 툭 쳤다. 그는 아기를 썰매 밖으로 꺼내 아내에게 가져갔다.

"이봐, 내가 이것을 가져왔어."

---

63) 악령들.

"잘했어요."

"하지만 이걸 어떻게 하지?"

"몰라요. 난 아이를 가져본 적이 없어요."

"범고래에게 가는 것이 더 좋겠어. 아마 그는 알거야."

범고래와 그의 아내는 커다란 돌 집에서 살고 있었다. 그들 역시 아이가 없었다. 상층의 존재가 와서 입구 근처에 아이 하나를 두고 갔다. 잠시 후 남편이 아내에게 말했다.

"물을 먹고 싶군. 나갔다 올게."

그는 밖으로 나와서 아기를 보았다. 아기는 계속 울고 있었다. 그는 매우 기뻤다. 그가 아내를 불러 말했다.

"조수를 찾았어. 우리에게 조수가 생겼어. 이제 우리 늘그막에 쓸쓸하지 않을거야. 이 아기를 키워봅시다."

"좋아요."

•••

한편, 켈레는 집으로 돌아가고 있었다. 그들은 사람들을 발견하여 많이 죽여서 사냥감을 집에 가져가고 있었다. 그들이 집에 도착했다. 천막이 세워지고 여자는 침실을 세우기 시작했다. 남편이 말했다.

"아기를 봐야겠어."

그는 썰매 덮개를 열어보고 아기가 없다는 것을 알았다. 남편이 말했다.

"이봐!"

"왜요?"

"아기는 어디 있어? 당신이 천막 앞에 갖다 놨어?"

"아니오. 썰매 안에 있잖아요."

"여기에 없다고."

"그럼 어디에 있는 거죠? 어쩌면 이웃들이 데려갔을 거예요. 하지만 그들이 왜 다른 사람의 아기를 데려갈까요? 아니, 우리가 자고 있는 동안 다른 누군가가 장난한거야. 도대체 왜!"

•••

렉켕의 아내가 샤먼을 찾아갔다. 그는 까마귀였다. 까마귀가 물었다.

"여기 누가 온건가?"

"나예요. 남편이 보냈어요. 남편이 말하기를, '나는 슬퍼. 아는 자를 오라고 해'라고 했어요."

"아-타-타-타, 내가 가지."

•••

"어서 오세요."

"예, 내가 왔어요. 무엇을 원하시오?"

"누군가 아기를 데려갔어요. 찾아줄 수 없나요?"

"좋소. 해보겠소."

까마귀는 범고래의 집으로 날아갔다.

"안녕하세요."

"안녕하시오."

"거기 누구시오?"

"나요. 아기를 데리러 왔소."

"당신은 아기를 데려갈 수 없소."

"오, 돌려주시오. 난 아기 때문에 왔소."

"난 아기를 단념하지 않을거요."

"그러시오?"

까마귀가 위로 날아올라가서 집 위에 큰 돌 기둥(페르카-우크울힌)[64)]을 떨어뜨렸다. 그런데 돌기둥이 튕겨나왔다. 범고래의 집은 너무 단단했다. 까마귀가 렉켕에게 돌아가서 말했다.

"아기를 찾아오지 못했어요."

"아이구! 당신조차 못하다니요!"

•••

다음날 렉켕이 아내에게 다시 말했다.

"난 슬퍼. 가서 두 바람을 데려와. 차가운 것은 서풍이고, 살을 에는 듯한 건은 동풍이야."

두 바람 형제가 왔다.

"뭘 원하시오?"

"누군가 내 어린 아기를 훔쳐갔소. 당신들은 어디든 볼 수 있잖아요. 내 아기를 찾아주지 않겠소?"

"그러지요."

바람들이 갔다. 도중에 그들은 상층계 존재의 집 옆을 지나게 되었다. 동풍이 말했다.

"우리가 왜 그냥 지나가는거지? 이건 상층계의 존재야. 그에게 물어보기나 하자. 그가 뭐라고 말할까? 안녕하세요."

"안녕하시오."

"저기, 켈레 가족이 어린 아기를 잃어버렸어요. 그들은 슬픔에 빠져 살고 있어요. 그래서 우리가 그들의 아기를 찾고 있어요. 아기가 어딨는지 아세요?"

"오, 그래. 그들이 슬픔에 빠져 살고 있군. 동시에 매년 그들은 사람

64) 페르카페르.

들을 많이 잡아가지. 인류의 수가 줄어들고 있어. 그들이 교훈을 얻도록 하자. 가자."

•••

그들은 범고래의 집에 도착했다.

"안녕하시오."

"안녕하시오."

"일전에 내가 여기 갖다놓은 아기를 찾으러 왔다."

"안돼요."

"왜 아기를 데려갈 수 없다는 거냐? 내가 직접 갖다 놓았는데. 돌려다오."

"싫어요, 돌려주지 않을거예요. 내 조수로 기를거예요."

"하지만 넌 내 피조물인데, 어떻게 내 말을 거절할 수 있나? 내가 너에게 볼 수 있는 눈을 주었다. 감히 네가 어떻게 내 말을 거절해."

"거절하겠어요."

"네가 거절하다니! 들어와라, 바람들아!"

두 바람이 범고래의 집으로 들어왔다. 점점 추워졌다. 범고래는 추웠다. 그들은 꽁꽁얼어 죽었다. 상층계의 존재가 바람들에게 말했다.

"이제 나가라."

바람들이 나갔다. 집이 점점 따뜻해졌다. 그러자 범고래가 다시 살아났다.

"자 이제 어떻게 할 거냐? 아기를 돌려줄 테냐?"

"예. 돌려드리겠어요."

"그럼 빨리 서둘러라."

"예. 잠시 만요."

"여기 있어요. 아이를 부모에게 데려다 주세요."

그때부터 켈레는 이 땅에 오지 않게 되었다.

해양 축치족 맹인 비옌토가 들려준 이야기, 마린스키 포스트, 1900년 10월.

3. 순록사육자와 아이완

한 부유한 순록사육자가 바닷가에 살고 있었다. 그는 아들이 없고 딸만 넷이 있었다. 그 딸들이 순록 떼를 지켰다. 그에게는 큰 무리의 순록 두 떼가 있었는데, 두 딸이 각각 한 무리씩 순록을 쳤다. 그의 집 아주 가까이에 아이완 사람이 살고 있었다. 그 아이완 사람은 정착해 살았으며, 쇠약하고 늙은 사람이었다. 다섯 아들을 둔 폭력배였다. 그가 장남에게 말했다.

"가서 옆집 딸들 중 하나에게 청혼을 해라. 만약 거절하면 우리가 그들의 순록 떼 한 무리를 가져올 것이다."

잠시 후 그가 직접 순록을 치는 이웃에게 가서 이렇게 말했다.

"이보시오, 우리는 이웃이오. 오랫동안 서로 이야기를 해왔소. 당신은 당신네 삶의 원천인 순록 떼에서 식량을 얻고, 나는 사람의 노력으로 양식을 얻어요."

"예, 그렇죠."

"그렇다면 우리가 힘을 합치는 게 낫지 않겠소? 당신은 삶의 원천인 순록 떼 중 한 무리를 딸에게 넘겨주시오. 그리고 다른 한 무리는 당신 자신이 가지시오."

"좋소. 찬성이오."

"당신은 순록 떼를 거느리고 유목하러 돌아다녀도 괜찮아요. 우리 중 몇이 당신을 도울 거요. 나머지들은 바닷가에 계속 머물며 바닷고기를 먹을거요. 내 맏아들과 내가 당신과 함께 내륙으로 유목하러 갔다가, 여름에는 바닷가로 돌아오겠소. 적적하면 우리가 서로 방문하여 함께 새로운 음식을 먹을 수도 있어요."

"좋습니다."

순록사육자는 아이완 사람의 말을 듣고 그가 제안한대로 하기로 찬성했다. 그래서 그는 그의 막내딸에게 순록 떼 한 무리를 줘서 아이완 사람의 아들에게 시집보냈다. 봄이 왔다. 순록사육자는 유목하러 가고, 그의 사위는 집에 남아있었다. 눈이 녹고 여름이 왔다. 아이완 사람의 아들이 말했다.

"순록 떼는 나쁜 것이야. 나는 그것을 원하지 않아. 나는 바다코끼리와 고래를 사냥하며 살 수 있어. 사냥은 즐거운 거야."

그래서 첫눈과 함께 그는 마을을 방문하려고 순록 떼를 이끌고 갔다. 그가 마을 가까이 가서 소리쳤다.

"개들을 묶어요. 순록 떼가 오고 있어요."

약간 뒤쪽에 있던 순록 떼도 마을에 왔다. 그가 말했다.

"우리 순록 떼를 몽땅 잡읍시다. 그러고 싶어요. 마구를 맨 순록을 잡아요. 고기를 먹읍시다."

그들은 도살을 시작했다. 썰매 끄는 순록은 마구를 한 채로 칼에 찔렸다. 땅이 온통 피로 붉게 물들었다. 드디어 그들은 배가 불었다

"이 고기의 일부를 가난한 굶주리는 사람들에게 줘라."

•••

여자는 순록 떼 생각에 슬펐다. 그녀의 시누이들이 그녀에게서 얼룩무늬 새끼사슴 가죽으로 만든 예쁜 옷들을 빼앗아 갔다. 이 옷들은 그들이 입고 그녀에게는 오래된 털 없는 물개 가죽을 입혔다.

결국, 그녀는 더 이상 참을 수가 없었다. 밤에 순록 한 마리를 데리고 마을을 떠났다. 도살을 피해 살아남은 단 한 마리였다. 그녀는 탈 썰매도 없이 순록을 뒤에 두고 앞서 걸었다. 한겨울이었다. 춥고 음산했다. 폭설이 내려서 길을 가기가 매우 힘들었다. 새벽이 오고 해가 떴다. 주위가 밝아졌다. 걸음이 점점 느려졌지만 그녀는 순록을 끌고 계속 갔다. 눈 위를 터벅터벅 걸어갔다. 그러나 실은 빛줄기를 따라 하늘로 올라가고 있었던 것이다. 상층의 존재, 순록 사람들의 존재가

그녀를 보고 모든 것을 알았기 때문이다. 순록이 모두 도살당했기 때문에 그는 너무 마음이 아팠다. 순록을 잃은 그녀를 위로해주려는 뜻이었다. 그녀는 굵은 눈을 맞으며 땅 위를 걷고 있었지만 하늘로 올라가고 있었다. 그녀는 이것을 알아차리지 못했다. 먹을 음식도 없고 옷도 매우 남루해서 그녀는 지치고 추웠다. 갑자기 순록이 인간의 말로 말했다.

"안녕!"

그녀가 대답했다.

"안녕."

"너는 너무 지쳤어. 내 등에라도 올라타. 내가 너를 조금 태워줄게. 네가 너무 안됐다."

그녀는 순록 등에 탔다. 잠시 후엔 더 춥고 피곤하고 배고팠다. 순록이 걸음을 멈추고 야영할 장소를 마련하려는 듯이 발굽으로 눈을 긁어냈다. 그리고 말했다.

"뭐라도 좀 먹어. 그럼 좀 따뜻해질 거야."

그녀는 밑을 보았다. 눈이 치워져 맨땅이 드러난 둥그런 장소가 보였다. 거기 땅 위에 익힌 고기 같은 무엇인가가 놓여있었다. 그것을 먹으니 온기가 느껴졌다. 그리고 나서 앞을 보았다. 순록 떼가 보였다. 더 자세히 보니 순록떼를 알아볼 수 있었다. 그것은 아버지의 순록떼였다. 얼룩빼기 몇 마리는 자신의 순록같아 보였다. 그들 모두는 희생된 순록들이었다. 그 순록들은 죽은 후에 상층 존재의 순록이 되었다. 드디어 그녀가 말했다.

"누구의 순록이지? 아버지의 순록 같아 보이는데. 이건 누구의 캠프일까?"

이것은 순록 사람들의 신, 상층 존재의 캠프였다. 늙은 존재는 그의 집 안에 있었다. 그의 모습은 사람과는 달랐다. 눈이 관자놀이에 있고, 코가 크고, 입은 옆으로 아주 넓게 얼굴 전체를 가로지르고 있었다. 그가 딸에게 말했다.

"우리 캠프 변두리에 머물고 있는 여자는 누구지? 왜 그녀는 여기로 들어오지 않는 거지? 아는 사람 없니? 아마 얼마전에 정착민 아이완 사람들에게 도살당한 순록 떼의 가엾은 주인일게다. 피로 땅이 붉게 물든 것을 보았어. 정말 슬픈 일이야. 가서 그녀를 불러와라."

상층 존재의 딸이 그녀에게 가서 말했다.

"친구여, 왜 집으로 오지 않나요? 아버지가 나에게 당신을 불러오라고 하셨어요."

•••

소녀가 말했다.

"그럼, 들어갈게요."

상층의 존재는 그녀를 보고 손을 흔들었다. 심지어 눈에 눈물이 고이기까지 했다.

"오, 정말 너였구나. 너의 가엾은 순록 떼! 그런데 순록을 치는 네 아비가 왜 정착민인 아이완 사람의 말을 들었니? 그들은 너에게 정말 못되게 굴었어."

그는 그의 자리 근처 바닥에서 큰 마개를 잡아당겼다. 그러자 바닥에 둥그런 구멍이 드러났다.

"여기, 밑을 봐라."

그녀는 밑을 보았다. 거기에 아버지의 집이 있었다. 상층 존재는 그 구멍을 통해서 그녀를 아래로 내려 보냈다. 그녀는 단 하나 남은 순록을 이끌고 걸어갔다. 순록이 다시 말을 했다.

"집에 도착하면 그들의 순록 피를 네 몸에 바르지 마. 너의 순록 피를 발라."

그들은 이른 아침에 캠프에 도착했다. 천막 안의 사람들은 아직 자고 있었다. 그녀는 썰매에 앉아 큰 소리로 노래를 불렀다. 그러나 천막에 들어가지는 않았다. 그녀의 어머니가 잠에서 깼다.

"순록 떼 목동들이 왜 이리 조심성이 없을까? 이렇게 크게 노래를 부르다니. 캠프에서도 잠을 잘 수가 없네."

그리고는 둘째 딸에게 말했다.

"밖에 나가서 무슨 일인지 봐라. 왜 저들이 죽은 애가 부르던 노래를 부르지?"

이이완 사람들이 그녀가 죽었다고 말했던 것이다. 그들은 그녀가 갔다고, 게다가 모든 순록 떼도 데리고 갔다고 말했다. 절름발이가 순록떼를 찾아와서 수가 많이 줄었고, 그러다 결국 완전히, 마지막 순록까지 다 가버렸다고 했다. 딸이 나와서 둘러보았다.

"낡은 물개 가죽을 입고 여기 앉아있는 당신은 누구세요? 어디서 왔나요?"

"어디서 왔냐고요? 당신들이 나를 아이완 사람에게 줘버리고 나서는 곧 나를 잊었군요. 당신들은 나를 방문할 생각조차 않죠. 그래서 내가 당신들을 방문하러 왔어요."

그런데 아이완 사람들은 그녀가 죽었다고 했는데, 그들이 어떻게 그녀를 방문할 수 있었을까? 둘째 딸이 침실로 달려 들어가서 말했다.

"그 애가 여기 있어요."

이 말을 듣자마자 아버지가 옷도 입지 않은 채 밖으로 뛰어나왔다.

"오, 얘야, 네가 여기 있구나."

그들은 너무 기뻐서 계속 웃었다. 그녀가 말했다.

"피바르기(anointing-sacrifice)를 위해 순록을 데려오지 마세요. 내 순록으로 할 거예요."

그렇게 그들은 계속 살았다.

•••

그러는 동안 그녀의 남편, 즉 늙은 아이완 사람의 아들이자, 폭력배, 순록을 도살한 자가 만(bay)에 있는 섬을 방문하려고 했다. 그가 말했다.

"카누를 타고 갈 거야. 긴 작살도 가져가야지. 어쩌면 땅에 상륙해서 한동안 거기 머무를지도 몰라."

그는 노를 저어 갔다. 가는 길에 고래를 보았다. 아주 큰 놈이었다. 그는 고래에게 작살을 던지려 했다. 그러나 고래가 숨을 들이마셔 그를 끌어당겼다. 그는 곧 고래의 뱃속에, 완전한 암흑 속에 갇히게 되었다. 오, 그곳은 너무 나빴다. 그는 고래 창자를 칼로 잘라 날것으로 먹으며 가까스로 살아남았다. 그는 그 안에서 대소변도 보았다. 고래의 내장이 오물로 뒤덮였다. 고래는 이리저리 날뛰었다. 극심한 통증으로 괴로웠기 때문이다. 고래의 내부는 여기저기가 칼로 잘려나갔다. 결국 고래가 죽었다. 바람이 그것을 열린 바다로 실어갔다. 죽은 고래는 아이완 사람들이 사는 땅 근처에서 이리저리 떠다니다 순록 사육자가 벽돌집을 세워놓은 바로 그 해안으로 떠밀려왔다. 그러자 아이완 사람은 칼로 고래의 한쪽 옆구리를 가르고 드디어 빠져나왔다. 그는 앞에 있는 집들을 알아보았다. 그가 마음속으로 말했다.

"그녀는 죽었는데 그들이 나를 어떻게 할 수 있을까? 어쨌든 난 이제 단단한 땅 위에 있어."

그는 천막이 있는 곳으로 걸어갔다. 그리고 순록사육자에게 말했다.

"고래가 나를 삼켰었어요. 그런데 이젠 내가 여기 땅에 올라왔어요. 전에 내가 '여기에 낯선 이들의 집이 몇 채 있다. 이것들은 우리 집들이다.'라고 했었잖아요. 그녀가 병에 걸려 죽었다 해도, 순록 떼도 절름발이에 의해 수가 줄고 전멸되었다 해도, 그 모든 것에도 불구하고 나는 여전히 예전처럼 당신의 사위입니다."

•••

순록사육자가 말했다.

"그렇지. 들어오게."

그는 집으로 들어갔다. 여자는 그동안 숨어있었다. 그들은 고기를 먹었다. 갑자기 그녀가 나타났다. "당신 여기 있군, 이 폭력배! 당신이 제멋대로 내 순록떼를 전부 다 죽였어. 나도 폭력을 쓰겠어."

그들이 그를 붙잡았다. 여자가 그의 등에서 옷을 찢어내고 그를 묶었다. 그리고 그들은 그의 뼈에서 살점을 조각조각 발라냈다. 그는 아직 살아있었다. 그러다 점점 힘이 빠져 죽었다. 끝.

해양 축치족 맹인 비옌토가 들려준 이야기, 마린스키 포스트, 1900년 10월.

4. 고아[65)]

아주 늙은 부모가 외동딸과 함께 살고 있었다. 그 딸은 아주 건강했다. 사냥을 가서 야생순록을 잡아 집에 가져왔다. 그러는 동시에 그녀는 모든 구혼자들의 청혼을 거절했다. 구혼자들이 아무리 많이 와도, 그녀는 달리기 시합을 하자고 청했다. 그들을 뒤에 두고 그녀가 말했다.

"그들은 필요 없어. 그들은 별로야."

그녀의 발은 너무 빨랐다.

•••

개가죽 옷을 입은 고아 소년이 있었다. 그는 개 여인에게 태어나서 늙은 엄마와 함께 살았는데 매우 빨리 성장했다. 그는 작은 활을 하나 만들어서 이 활로 작은 새들을 잡았다. 그는 이 새들을 늙은 어머니에게 먹였다. 이웃의 아이들은 그를 만날 때마다 이렇게 외쳤다.

"저것 봐! 저애 이빨에 (작은 새의 고기가) 끼였어. 아이들은 그의 이에 낀 고기를 보고 그것을 빼냈다.

•••

그는 올가미를 만들어 산토끼를 잡아서 늙은 어머니에게 먹였다. 그러는 사이에 그는 빨리 성장해서 곧 완전히 다 컸다. 그러자 그는 야생순록을 잡았다. 늙은 어머니가 말했다.

"넌 언제 다 큰 남자가 될 거니? 지금 당장 가서 신붓감을 찾아봐라."

---

65) 유사한 이야기가 콜리마 축치족에서도 수집되었다. Bogoras, Chukchee Materials, p. 250을 참조하라.

"알겠어요."

그는 외동딸을 가진 사람에게 갔다.

"무엇 때문에 왔소?"

"신붓감을 구하러 왔어요."

"쓸데없는 일이요. 당신이 뒤쳐질 거요."

"아닙니다. 난 할 수 있어요(그녀를 앞지를 수 있어요)."

"그럼 잠시 기다리시오. 그 애는 지금 여기 없어요. 저녁에 올 겁니다."

저녁이 되자 그녀가 사냥에서 잡은 순록을 가져왔다. 그녀의 아버지가 말했다.

"구혼자가 한 사람 더 왔다."

"저는 그를 원하지 않아요. 가라고 하세요."

그러자 그가 말했다.

"왜 그러세요? 나는 정직한 마음으로 당신에게 왔어요."

"그럼 좋아요. 내일 아침에 당신이 어떤 사람인지 보죠."

"아주 좋아요. 내가 이길 겁니다. 나는 당신을 아내로 맞을 거예요."

다음날 아침 그들은 동트기 전에 일어났다. 그들은 달리기 시작했다. 그들은 높은 동산에 올라갔다가 돌아오기로 했다. 소녀는 달리기 옷을 입었다. 그러나 젊은 남자는 갑옷을 입었다. 소녀는 매우 재빨랐기 때문에 앞서 달려 나갔다. 반쯤 갔을 때 고아 소년이 그녀를 따라잡기 시작했다. 그녀는 전력을 다했기때문에 완전히 지쳤다. 그의 갑옷 자락에서 나는 바람이 그녀를 휙 지나갔다.[66] 그녀는 비틀거리더니 주저앉았다. 그가 말했다.

"음! 그녀를 잠시 쉬게 하세요. 나 혼자 동산까지 마저 갈게요. 그래

---

66) 축치족의 갑옷 아랫부분은 치마 형태와 유사하다. 때때로 그것은 다소 느슨하게 늘어뜨려져 있기도 하다. 무거운 갑옷의 움직임이 바람을 일으켰으므로 젊은 남자가 매우 빨랐음에 틀림없다.

요. 난 정말 할 수 있어요. 내가 꼭대기에 갔다가 돌아오면, 당신은 다시 시작해요." 그가 동산 꼭대기에 나타났을 때 그녀는 벌떡 일어나 앞으로 달려 나갔다. 그녀는 새 힘을 얻어서 매우 빨리 달렸다. 그러나 젊은 남자가 아직도 더 빨리 달렸다. 그는 그녀를 조금 앞서서 팔에 그녀를 끼고 앞으로 데려갔다. 그렇게 그녀의 집까지 데려가 침실에 눕히고 그녀와 성교를 했다. 그렇게 그녀를 아내로 만들었다. 끝.

해양 축치족 리케우기가 들려준 이야기, 마린스키 포스트, 1900년 10월.

5. 구박덩어리 이야기

구박덩어리(에키르카이르긴)가 삼촌과 함께 살았다. 그는 순록 떼와 머물고 있었다. 그는 늘 순록 일로 바빴다. 그러나 그의 삼촌은 잔소리를 하며 말했다.

"넌 아무 쓸모없는 놈이야."

그는 혼자 순록 떼와 있었다. 그가 유일한 목동이었다. 한번은 그가 순록 떼와 함께 있을 때 어떤 사람들이 순록을 타고 왔다. 그들은 늑대들이었다. 그들이 말했다.

"우리는 순록을 잡으러 왔다."

"오, 내가 어떻게 순록을 죽여요? 난 삼촌이 무서워요."

"왜 무서워? 이것은 너의 순록 떼잖아. 네가 유일한 목동이잖아."

"아니에요. 난 무서워요."

그럼에도 불구하고 그들은 순록을 도축하여 썰매에 싣고 가버렸다. 그도 집으로 향했다. 가는 도중에 그는 흰 가죽 옷을 입은 사람을 만났다. 그것은 북극곰이었다. 북극곰이 말했다.

"그렇게 다른 사람들을 위해 순록을 잡아야 하는 처지라면, 차라리 멀리 떠나 신부감이나 찾아보는 게 더 낫겠다. 저너머에 부유한 순록사육자가 산다. 그의 딸을 얻도록 해봐라."

•••

구박덩어리는 거기로 갔다. 그는 썰매 가득 땔감을 모았다. 그런데 썰매가 너무 커서 혼자 끌고 갈 수 가 없었다. 그때 많은 늑대가 왔다. 그들이 말했다.

"우리가 직접 썰매를 매고 끌고 갈게."

그들은 그렇게 했다. 그들이 말했다.

"타라."

그는 썰매에 탔다. 그들은 빨리 달렸다. 그들이 부유한 순록사육자의 캠프에 도착했다.

흰 가죽 옷을 입은 사람이 그전에 그에게 말했다.

"모두들 잠자리에 들면, 구석에서 자는 막내딸을 잡아라."

• • •

모두 잠자리에 들었다. 그러자 그는 구석에 있는 막내딸을 잡았다. 그녀가 큰 소리로 외쳤다.

"어머! 이 사람이 뭐하는 거야? 이 사람이 나를 잡고 있어요."

집 주인이 깨서 말했다.

"이게 무슨 소리지? 네가 나를 깨웠군. 이런 말썽꾼! 이 역겨운 낯선 놈이 왜 문제를 일으키는 거야? 여보, 막대기를 줘."

그는 갈퀴의 나무막대 자루를 쥐고 달려갔다. 그러나 그가 때리기 전에 침실 전체가 늑대들로 꽉 찼다. 늑대들이 사방에서 울부짖었다. 모든 사람들은 극도의 두려움에[67] 벌거벗은 채 밖으로 달려 나갔다. 집주인은 아직도 손에 막대기를 들고 있었다. 그들은 이웃집으로 도망갔다. 그러는 사이에 그는 소녀를 자기 집으로 데려왔다. 다음날 아침 장인이 구박덩어리에게 부드럽고 상냥한 말을 전해왔다.

"그에게 나를 보러 오라고 하시오."

순록 떼를 데려왔다. 큰 무리였다.

"둘로 나눠라."

반반으로 나누었다.

"이보게, 절반을 가지게."

67) 엠-임굼개. 예를 들면, 정령이나 죽은 사람 등의 초자연적인 것 앞에서 느끼는 공포. 이것은 이러한 종류의 공포를 말하는 특별한 용어이다.

구박덩어리는 아내와 순록 떼를 얻었다. 그는 분가하여 자신의 캠프를 세우고 거기서 살았다. 끝.

해양 축치족 리케우기가 들려준 이야기, 마린스키 포스트, 1900년 10월.

6. 방문자

두 사람이 같은 마을에서 이웃으로 살고 있었다. 한 사람은 자녀가 많았다. 그들은 오랫동안 베캔 땅에 머물렀지만 거기에는 야생순록이 보이지 않았다. 그들은 (먹을 음식이) 없었다. 그들은 길 잃은 들꿩 몇 마리로 먹고 살다가 거의 굶어죽게 되었다. 올해는 옐캔의 순록치는 사람들이 목초지를 찾으러 그곳으로 오지 않았다. 그래서 가을 내내 그들은 "진짜 음식"(즉, 순록 고기)이 없었다. 그들은 배고픔으로 괴로웠으며 거의 굶어 죽을 지경이었다. 그러자 한 사람이 다른 사람에게 말했다.

"우리 가서 다른 사람들을 찾아보자. 그들이 어디에 살지?"

그들은 걸어서 갔다. 개가 없었기 때문이었다. 마지막 개도 이미 오래전에 잡아먹었다. 자녀가 있는 사람이 덮개가 있는 작은 썰매를 만들었다. 그리고 아내와 함께 그것을 끌었다. 잠시 후에 두 사람이 말했다.

"우리 갈라지자. 나는 오른쪽으로 갈 테니, 자네는 왼쪽으로 가."

그들을 헤어졌다. 자녀가 있는 사람이 썰매를 끌고 왼쪽으로 갔다. 어두워졌다. 그가 아내에게 말했다.

"여기서 나를 가다리고 있어요. 내가 좀 더 멀리 가볼게."

그는 아내와 아이들을 덮개가 덮인 썰매 안에 두고, 그들이 따뜻하도록 썰매 주위에 눈을 쌓았다. 그리고 나서 그는 혼자 갔다. 아주 깜깜해졌다. 그때 순록떼가 보였다. 무리가 매우 컸으며 물처럼 사방에 퍼져있었다. 뿔이 가지처럼 갈라진 큰 수컷들과 얼룩빼기 새끼들이었다. 목동이 그에게 물었다.

"어디서 왔어요?"

"우린 멀리에서 왔어요. 거기에는 우리만 사는데, 순록 사람들이 오지 않아서 거의 굶어죽게 되었어요."

"저런! 당신 혼자인가요?"

"아뇨, 가족이 있어요. 뒤에 두고 왔어요. 그들을 덮개 썰매에 두고, 따뜻하라고 그 주위에 눈을 쌓아놓았어요."

"아, 그렇군요. 그럼 그들은 내일 오겠군요."

"예. 내가 직접 썰매를 끌고 데려올게요. 아주 가까워요."

"잘됐군요. 내일 해요. 지금 가기엔 너무 어두워요. 집들도 가까이에 있어요. 지금처럼 이렇게 어둡지만 않으면 여기에서도 집들이 눈 덮인 절벽 아래 까만 점들처럼 보여요. 아침에 일을 처리해요. 그럼 집으로 갑시다."

그들은 캠프로 갔다. 앞쪽 집에 사는 노인이 그들이 오는 소리를 들었다.

"오, 손님이군요. 어디서 왔습니까?"

"멀리에서 왔어요. 우리는 베캔 땅에 사는데 거의 굶어죽게 되었어요. 그래서 다른 사람들을 찾아보러 걸어서 왔어요."

"오, 저런! 이보게, 외부 천막에 있는 자네! 창자와 살찐 고기를 요리하게. 새로운 손님을 대접할거야."

그들은 음식을 먹었다.

"동행이 있습니까?"

"예, 있어요. 덮개 썰매에 태워놓고 왔어요. 따뜻하도록 그 주위에 눈을 쌓아 놓았지요."

"잘했군요. 너무 늦었어요. 내일 가요."

"예, 예. 내가 직접 그들을 데려올게요."

"아닙니다. 좋은 썰매로 데려오면 돼요."

아침에 그는 노인의 순록을 몰고 거기로 갔다.

"이봐!"

대답이 없었다. 좀 전보다 더 크게 불렀다.

"이봐!"

그러자 여자가 듣고 대답했다.

"여보!"

"살아있어?"

"예. 우린 살아있어요. 그런데 젖먹이 막내가 죽었어요."

"오, 이런! 어떡해."

그들은 캠프로 갔다.

"저기, 저기야."

그들을 위해 침실이 준비되고, 새 이불이 바닥에 깔려있었다.

"이것은 여러분의 침실이에요. 이 안에서 지내세요."

그들은 캠프에 머물렀다. 어느 날 그들이 이웃을 방문했다. 이웃이 새 손님에게 말했다.

"어디에서 지내세요?"

"내가 어디에서 지낼 수 있겠어요? 처음에 간 집 사람들과 함께 살아요."

"물론 그렇군요. 그들이 당신을 받아들였군요. 하지만 그건 잠시 동안 만 일거예요. 나중에 노인이 당신을 내보낼 거예요."

"이런! 난 어떡하죠?"

"나에게 오세요. 당신이 내 캠프-조수가 되세요."

"오, 내가 어떻게 그들을 떠날 수 있겠어요? 그들에게 뭐라고 말해요? 내가 그들 캠프에 먼저 왔는데."

"그럼, 만약 나한테 오고 싶다면 내가 직접 가서 당신과 당신 가족을 데려올게요."

"좋아요. 그러세요. 아니면 우리가 바로 가서 즉시 일을 처리합시다. 그게 더 낫겠어요."

그들은 캠프로 갔다. 노인이 말했다.

"돌아왔군요."

"예. 하지만 우린 떠나려고 합니다. 이 사람이 우리를 데려가려고 왔어요."

"그렇군요. 그런데 왜 당신은 처음부터 그에게 가지 않았습니까? 당신은 우리 집에 제일 먼저 왔잖아요. 알았어요. 가세요. 가버려요. 빨리!"

• • •

그들이 떠났다. 달이 지고 또 새달이 떴다. 이웃들이 반칙을 해결하러 왔다(came to settle the offence). 그들이 말했다.

"달리기 시합을 합시다. 누가 가장 빠른 사람인지 봅시다."

"그럽시다."

그들은 달리기 시합을 했다. 우승자를 위한 상으로 여우 가죽과 비버 가죽을 내걸었다. 그들이 출발했다. 가엾은 도보여행자, 오랫동안 걸어 다닌 그는 발이 거의 땅에 닿지도 않을 정도로 매우 날쌔게 달렸다. 달리고 달려서 순식간에 다른 사람들을 모두 추월해서 시야에서 사라졌다. 적당한 시간 내에 그는 (정해진) 동산에 올라갔다가 돌아왔다. 그러나 다른 사람들은 여전히 보이지 않았다. 그가 그들 모두를 너무 앞섰기 때문이다. 그는 얼마동안 사람들을 기다리다가 추워서 침실로 들어갔다. 드디어 그들이 저 멀리 뒤에 왔다. 그들 모두 달리기를 잘 못했기 때문에 부끄러웠다. 그들은 침실로 들어가고 싶지 않았다. 그래서 순록에 마구를 매고 썰매를 달았다. 그리고는 방문객들이 모두 떠났다. 다음날 아침 다른 사람들도 떠났다. 그만 홀로 그 땅에 남게 되었다. 끝.

해양 축치족 리케우기가 들려준 이야기, 마린스키 포스트, 1900년 10월.

7. 일부다처

부인이 여럿인 남자(일부다처자: 리밀린)가 살고 있었다. 그는 부인이 두 명이었다. 늙은 아내에게서는 딸을 둘 낳았고, 젊은 아내에게서는 아이가 없었다. 그래도 그는 젊은 아내를 더 사랑했다. 늙은 아내는 전혀 사랑하지 않았다. 한번은 감사절 의례에서 두 여인 모두 춤을 추었다. 그 남자도 그의 북을 가지고 춤을 추고 있었다. 그가 늙은 아내의 얼굴을 쳤다. 그녀는 화가 나서 바닷가에 갔다. 해안 얼음에 좁은 금이 생겨 유빙이 떨어져나갔다. 그녀는 웃옷도 입고 있지 않았지만 그 위에 뛰어 올라탔다. 얼음은 바다로 멀리 떠내려가서 마침내 다른 땅에 도착했다. 그녀는 바위 근처에 내렸다. 그것은 매우 가팔랐다. 그때 그녀는 이런 생각을 하고 있었다.

"오, 내 두 딸을 두고 왔네. 내가 그 애들을 불쌍한 고아로 만들었구나. 이제부터 그 애들은 닳아빠진 가죽 옷을 입고, 모든 사람에게 학대받게 될 거야."

그녀는 바위 위에 있는 한 남자를 보았다. 그는 매우 건장하고 키가 컸다. 그는 태양-남자(테르카-라울)이었다. 그의 셔츠는 모자가 달려있는데, 모자가 그의 얼굴 위로 내려져있고, 소매는 손 위로 내려져있었다. 그는 빛 주름장식을 달았고 그의 머리는 후광이 둘러져있었다. 그녀는 혼잣말을 했다.

"저 사람이 나를 죽이려는 것 같아. 좋아. 나를 죽이라고 하자. 내 인생이 괴로워."

그가 모자 밑에서 대답했다.

"내가 왜 널 죽이지? 그 반대로 난 네가 가엾구나. 그래서 내가 널 여기 내 땅에 오도록 했다. 네가 우연히 여기에 온 것이 아니다. 네 의지로 온 것은 더욱 아니지. 내가 너를 네가 모르는 곳으로 인도했어."

그는 그녀의 손을 잡아 바위에 오르도록 도와주었다. 큰 집이 보였다. 그것은 빛이 났고, 침실은 밝게 빛났다. 침실 양옆에는 음식이 가득한 둥근 그릇들이 있었다. 어떤 것들은 삶은 고기가 담겨있었고, 어떤 것들은 지방이 가득 담겨있었고, 또 어떤 것들은 발효된 나뭇잎들로 가득했고, 몇 개는 비어있었다. 그가 말했다.

"이 모든 것은 희생제물 그릇이다. 사람들이 나에게 바친 것이다. 나를 속이려는 어떤 이들은 빈 그릇을 바쳤다. 나는 결코 희생제물을 거부하지 않기 때문에 모든 것을 받았다."

그들은 함께 살았다. 아들을 낳았다. 그러고 나서 두 아이를 더 낳았다. 얼마 후 태양-남자가 말했다.

"우리는 다른 땅 출신이다. 너는 집 없는 사람이 아니다. 네가 태어난 나라가 있다. 그러니 너의 나라로 돌아가라. 너의 아이들도 데려가라. 너는 도중에 굶주리지 않을 것이다. 내가 너를 위해 음식을 구해주고, 밤에 쉴 곳도 주겠다. 지금까지 내가 너를 지켜주었다."

•••

그는 외부 천막에서 작은 조각들을 잘라냈다. 침실에서도, 그리고 모든 양식 자루에서도 작은 조각들을 잘라냈다. 이 조각들을 그녀에게 주면서 말했다.

"그것들을 장갑 안에 넣어라. 이제 가라."

그는 그녀를 햇빛줄기를 따라 내려 보냈다. 그들은 상층 세계에 있었기 때문이다. 그녀는 그것이 가파른 바위라고 생각했었지만, 사실 그것은 딴 세상이었다. 그녀는 땅에 갔다. 그녀는 장갑에서 그 조각들을 꺼내서 침을 뱉었다. 거기에 바닷가에 세워진 집이 생겼다. 태양-남자의 집만큼 좋았다. 고기가 가득한 자루들과 다양한 종류의 음식들이 있었다. 그녀는 거기에서 살았다. 젊은 아가씨 둘이 해초를 모으며 바닷가를 걸어 다니고 있었다.

"오, 저들은 어떤 소녀들일까? 내 딸들은 아닐까? 옷이 너무 남루하구나. 저렇게 얇게 입었다니!"

그녀는 그들을 불러들였다. 그들은 정말 그녀의 딸들이었다.

"난 죽지 않았다. 네가 너의 어미야. 내가 너희들에게 돌아왔어."

그녀는 그들에게 얼룩빼기 새끼사슴 가죽으로 만든 예쁜 옷을 주었다. 소녀들이 집에 갔다. 그녀도 그들과 함께 갔다. 소녀들의 계모와 그녀의 남편은 침실에 앉아있었다.

"해초는 어디 있니?"

소녀들은 마치 아무것도 듣지 못한 것처럼 대답을 하지 않았다.

"왜 대답을 안 하니?"

그러자 그들이 해초를 침실 안으로 내팽개쳤다. 계모가 뛰어나왔다.

"너희들 왜 저런 것들을 집어던지는 거야?"

그녀는 소녀들의 예쁜 옷을 보았다.

"어디서 이런 옷이 생겼니? 내가 따라가 봐야겠다."

그녀는 그들을 따라 그 집으로 갔다. 집이 매우 크고 온갖 종류의 음식으로 가득했다. 그녀는 그 집에서 음식들을 먹고 있는 그들이 너무 부러웠다. 끝.

순록 축치족 누와트가 들려준 이야기, 미스콴 마을 근처 캠프, 1901년 4월.

8. 거인[68]

옛날에 여덟 형제가 살았다. 그들 중 일곱은 가죽 배를 타고 노를 저어 바다에 나갔다. 막내인 여덟째는 집에 남아있었다. 그는 낚시를 하러 갔다. 거인 롤힐린이 지나가다가 그를 붙잡았다. 거인이 말했다.

"이것을 우리 아이들 장난감으로 집에 가져가야지."

거인은 그를 손바닥 위에 올려 가져가서, 아내에게 던져 주었다.

"이봐, 여기 우리 아이들 장난감이야."

동시에 그것은 사람이었다. 아이들은 그 살아있는 장난감을 가지고 놀았다. 그리고 그 살아있는 장난감에게 그들의 음식을 먹였다. 그래서 그 사람은 자라나서 그들의 크기만 해져서 롤힐린이 되었다. 형제들이 육지로 돌아와서 막내를 찾았다. 그들은 막내를 찾을 수 없어서 그의 이름을 불렀다. 그러자 그가 와서 그들과 배를 모두 집어서 절벽 위에 높이 올려 두었다. 지금까지 그들은 거기에 있다.

해양 축치족 이르미가 들려준 이야기, 마린스키 포스트, 1900년 10월.

68) 나는 축치어로 된 이 이야기를 어떤 남자에게서 입수했는데, 그는 젊었을 때부터 축치족과 함께 살았던 만큼 에스키모들과도 함께 살았다. 그는 이 이야기의 기원은 에스키모(아이완)라고 말했다. 그러나 축치 고유의 민간전승과 아시아 에스키모 기원의 그것을 구분하기는 어렵다.

9. 바다에게 바치는 희생제물

옛날에 해양 축치족 한 사람이 살았다. 그는 아이가 여덟이 있었는데, 막내는 여자아이였다. 어느 날 그가 바다코끼리를 사냥하러 갔다. 폭풍이 불어와 그는 바다로 떠내려갔다. 폭풍에 휘말려 거의 빠져 죽게 되었다. 그때 그가 바다에게 말했다.

"오, 바다여! 진정하세요! 그리하면 내가 세상을 계속 볼 수 있을 거야. 내가 가진 가장 좋은 것, 내 마음에 가장 가까운 것, 썰매 견들의 우두머리로 선두에 서는 개, 피부에 반점이 있는 그 개를 바칠게요."

바다는 잠잠해지지 않았다.

"오, 그러면 아직 결혼하지 않은 착한 내 막내딸, 얼룩 가죽 옷을 입는 내 막내딸을 바칠게요."

그러자 바다가 잔잔해졌다. 그는 해안에 내렸다. 바닷가를 따라 올라가 집에 들어갔다. 아직 바닷가에 있는 딸을 제외한 모든 아이들이 그와 함께 있었다. 어머니가 집 밖으로 나왔다.

"오 내 아가! 네가 폭풍을 화나게 했구나."

그녀는 너무 슬펐다. 그녀는 땅을 내려다보며 말했다.

"예."

"들어가서 옷을 갈아입어라. 마른 옷을 입어."

그녀는 풀이 죽어서 집으로 들어갔다. 그녀가 옷을 갈아입자 아버지가 들어왔다. 그는 그녀의 손을 잡고 창을 들로 바닷가로 갔다. 그가 바다를 향해 돌아서서 말했다.

"오 바다야! 화내지 마라. 내가 약속한 것을 지금 주겠다."

그는 창으로 딸을 찔러 시체를 거기 바닷가에 눕혀두었다. 많은 피가 해안 전체를 뒤덮었다. 어두워졌다. 그녀는 죽은 채 모래 위에 누워있었다. 어떤 사람, 바다의 존재(앙콰-바이르긴)가 그녀에게 와서 발끝으로 그녀를 살짝 밀었다.

"안녕! 일어나! 우리 집에 가자."

드디어 그녀가 깨어 일어나 앉았다.

"에게게게게이. 내가 아주 오래 잤네."

그는 그녀를 자신의 집으로 데려가 그녀와 결혼했다. 그들은 풍족하게 아주 잘 살았다. 그들은 큰 순록 떼가 있었다. 물론 딸은 집에 돌아가지 않았다. 아버지가 아무 말도 해주지 않았기 때문에 그녀의 어머니는 생각했다.

"가서 그 애를 찾아봐야지. 그 애가 어디 있을까?"

그녀는 그 장소에 도착했다. 땅 위에 핏자국이 있었다. 그러나 시체는 사라졌다. 그녀는 해안을 따라 난 발자국을 발견하고 그것을 따라갔다. 결국 그녀는 절벽까지 오게 되었다. 자국이 맨 꼭대기를 향해 위쪽으로 나있었다. 그녀는 기어올라갔다. 맨꼭대기에 집이 있었다. 그녀의 딸은 가죽을 긁느라 바빴다.

"오, 네가 여기에 있었니?"

"예."

그녀는 한동안 딸과 함께 지냈다. 딸이 말했다.

"가서 아버지를 데려오세요. 아버지도 보고 싶어요."

아버지를 데려와 많은 음식을 대접했다. 다음 날 아침 바다가 다시 거칠어졌다. 그녀가 아버지에게 말했다.

"우리 바다를 보러 가요."

그들은 절벽 맨 끝으로 갔다. 그녀가 아버지에게 말했다.

"바다를 내려다보세요. 또 너무 거칠어졌어요."

아버지가 바다를 내려다보았다. 그녀가 뒤에서 아버지를 밀었다. 그는 아래로 떨어져 등뼈가 부러져 바다에 빠졌다. 끝.

해양 축치족 아이완이 들려준 이야기, 마린스키 포스트, 1990년 10월.

10. 괴물 여인

아내가 있는 한 남자가 야생 순록을 사냥하러 갔다. 그는 온종일 걸어 다녔지만 아무 것도 발견하지 못했다. 저녁이 왔다. 그는 추웠다. 집은 너무 멀리 있었다. 그래서 그는 생각했다.

"어디에서 밤을 보낼 적당한 장소를 찾지? 땔감도 없고 인가도 없는데."

드디어 썰매 자국을 발견했다. 그는 그 자국을 따라갔다. 자국이 더 뚜렷해졌다. 개 한 마리가 짖었다. 지하집이 보였다. 한 여자가 바다표범 고기를 요리하고 있었다. 이상하게 생긴 여자였다. 이마에 눈이 하나 있고 입은 매우 크고 비뚤어졌다. 살이 쪘고 가슴이 컸다. 그녀가 말했다.

"잘됐다! 지금까지 난 남자를 만난 적이 없어. 이제 남편을 찾았네."

그는 생각했다.

"저 여자는 포동포동하고 가슴이 풍만해. 하지만 얼굴이 너무 이상해. 저 여자와 결혼하지 않을 거야."

그들은 저녁을 먹었다. 그리고 등불이 꺼졌다. 여자가 그 사람 쪽으로 다가왔다. 그는 멀어졌다. 그들은 구석에 다다랐다. 여자가 말했다.

"나와 함께 자."

"아니, 싫어."

"아니, 나와 함께 자!"

그녀의 몸속에서 무엇인가가 개처럼 이빨을 가는 소리가 들렸다.

"나와 함께 자자니까!"

"싫어. 난 피곤해. 내일 아침에 해."

"좋아. 그럼 내 몸에서 이라도 잡아줘."

그녀가 다시 등불을 켰다. 그는 이를 잡았다. 그리고 그녀가 그의 무릎을 베고 자게 했다. 그는 생각했다.

"이 여자의 몸속에서 개처럼 이를 가는 그것은 뭘까? 한 번 봐야겠다."

그가 보니 늑대의 입속처럼 거기에 이빨이 아주 많았다.

"오, 이런!"

그는 소리 없이 기어나갔다. 바닷가에는 돌이 많았다. 그는 성인 남자의 음경만한 크기의 길고 둥근 돌 두 개를 주었다. 그리고는 돌아가 침실에 들어가서 잠이 들었다. 아침에 여자가 그를 깨웠다.

"일어나. 나를 아내로 삼아. 나와 몸을 섞어."

"좋아."

그는 돌 하나를 다리 사이에 끼워 그것을 그녀의 음문에 밀어 넣었다. 돌이 이빨과 부딪혀 이빨들을 갈아버렸다. 그는 돌을 빼냈다. 거의 모든 이빨이 돌에 붙어있었다. 그는 다른 돌 하나도 사용했다. 돌과 함께 이빨이 뿌리내리고 있는 점막도 함께 잡아당겨 빼냈다. 그러자 그녀의 음문이 보통 여자의 그것처럼 되었다. 그가 말했다.

"좋아. 이제 우리 해보자."

그는 자신의 음경을 거기에 넣고 그녀와 성교를 한번 또 한 번 했다. 그녀는 완전히 온순해졌다. 그는 그녀를 집에 데려가 종으로 삼았다.

해양 축치족 엔무우기가 들려준 이야기, 웅이사크 마을, 인디안포인트, 1901년 5월.

11. 순록에서 태어난 아이

큰 순록 떼를 가진 노인이 살았다. 그는 여섯 아들이 있었는데, 그들이 밤낮으로 순록 떼를 지켰다. 어느 날 가장 큰 숫순록의 목에 종기가 자라기 시작했다. 이 종기는 점점 더 커지더니 아흐레 후에 터졌는데, 거기에서 어린 아기가 뚝 떨어졌다. 위아래가 붙은 옷을 입고 기저귀를 찬 남자아이였는데 이미 걸어 다녔다. 맏아들이 말했다.

"이건 정말 이상한 순록이야. 이것을 도축하자. 저 아이도 이상해. 필요 없어. 저애도 죽이자."

노인이 반대했다.

"너희들은 왜 그 애를 죽이려는 거냐? 어쩌면 그가 순록 떼의 진짜 주인[69]일지도 몰라. 그를 죽이는 건 벌 받을 짓이야. 큰 숫순록도 아직 볼 수 있잖아(즉, 아직 살아 있잖아)."

"알겠어요."

그들은 남자아이를 집으로 데려갔다. 저녁에 폭풍이 몰아쳤다. 맏아들이 불침번을 서려고 순록 떼에게 갔다. 그사이에 아기가 가족을 모두 잡아먹었다. 그 아기는 켈레였다. 그러고 나서 순록떼를 향해 돌진했다. 목동은 쿵쿵거리는 발소리를 듣고 뒤를 돌아보았다. 그가 오는 것이 보였다. 그러나 목동은 그를 알아보지 못했다. 그는 순록만 바라보고 있었다. 그는 순록을 쫓아가 잡는 즉시 삼켜버리고 또 다른 순록을 향해 달려갔다.

•••

목동이 말했다.

---

69) 즉, 순록 떼의 수호신.

"세상에, 이것이 순록 떼의 진짜 주인이라고? 저 애가 순록 떼 전체를 죽이네. 오, 아버지! 지금 아버지와 얘기 좀 해야겠어."

•••

그사이에 쫓아오는 자가 더 가까워졌다. 그는 이미 아주 많은 순록을 삼켜버렸다. 목동은 생각했다.

"순록을 버려두고 가겠어. 나는 이런 주인은 필요 없어."

그는 순록을 버려두고 툰드라를 가로질러 달아났다. 목초지 땅의 다른 쪽 끝에 큰 나무가 있었다. 그는 꼭대기로 기어 올라가 맨 끝에 가서 아래가 아니라 위로 뛰었다. 그래서 그는 그의 존재(바이르긴), 그의 희생제물을 받는 존재가 사는 땅에 도달했다.

•••

그는 캠프로 갔다. 거기에는 큰 집이 한 채 서있었다. 그 안에는 여자 혼자 살고 있었는데, 늙었지만 건강하고 힘이 센 여자였다. 그녀는 생김새가 젊은 여자와 비슷했다. 거기에 남자들은 없었다. 그 여자는 앉아서 조심스럽게 털양말 한쪽을 깁고 있었다.

"오, 손님이군요."

"예. 나는 손님입니다."

"어디서 왔나요?"

"멀리에서 왔어요. 나는 하층 세계의 사람들에게서 왔어요."

"그런데 당신의 집은 어딘가요?"

"나는 집이 없어요. 일가친척도 없어요. 나는 정처 없이 떠돌고 있어요."

"당신이 오랫동안 나에게 희생제물을 바쳐서 내가 당신 덕에 부자가 되었어요. 게다가 여기에는 남자라고는 없어요. 집 주인이 없지요. 남편 없이 살자니 매우 적적해요. 만약 당신이 원한다면 나와 결혼해 집 주인이 되세요."

그는 그녀와 결혼해서 살았다. 그들의 순록 떼는 규모가 매우 컸다. 여자는 살이 통통하고 골반이 크고 넓어서 함께 자기 좋았다. 그녀는 바느질솜씨가 좋고 집 전체를 아주 잘 정돈하는 사람이었다. 그러나 얼마가 지나자 그 남자는 심심해지기 시작했다. 그는 예전에 살던 땅과 순록 떼와 가족, 그의 아버지와 형제들을 생각했다.

"내가 이 모든 것을 한번만 볼 수 있다면."

여자가 말했다.

"당신 왜 그렇게 슬퍼해요? 무슨 생각해요?"

"아무 것도 아니요."

그는 대답했다. 그러나 여자는 말했다.

"나는 당신을 아주 잘 알아요. 당신이 슬픈 건 이런 생각 때문이죠. '내가 나의 옛집과 가족, 땅과 순록 떼를 한 번 더 볼 수 있다면!' 막지 않을게요. 가서 그들을 보세요. 그것 때문에 당신에게 화내지 않을 거예요."

그는 벌떡 일어나 말했다.

"오, 그래요, 그래!"

그녀가 다시 말했다.

"여기 이것을 데려가요. 이것은 다리가 많이 달린 내 순록이에요. 날아다니는 순록이죠. 만약을 위해서요. 그것을 타고 가요. 누군가가 당신을 쫓아오면 그것의 다리 하나를 잘라서 던지세요. 그가 계속 쫓아오면 또 다른 다리를 하나 잘라요. 순록 다리가 네 개만 남을 때까지 계속 그렇게 하세요. 그래도 계속 쫓아오면 순록을 죽이고 두고 도망가세요."

•••

그는 그의 천막을 향해 바로 땅으로 내려왔다. 그는 순록을 매어 놓고 작은 구멍을 통해 천막 안을 들여다보았다. 그 아기가 집안에 앉아있었다. 큰 불을 피우고 자신의 다리 하나를 잘라냈다. 그것을 불 위에 구웠다. 그는 구워진 고기 껍질을 썰어 한 조각씩 삼켰다. 갑자기 그가 머리를 돌려 구멍을 통해 보고있는 새로 온 사람을 보았다.

"오, 네가 왔네."

"그래, 내가 왔어."

"그럼 들어와."

"다른 사람들은 어디에 있어?"

"그들은 순록 떼와 함께 있어."

켈레는 이런 말로 그를 속였다. 그 남자는 음식을 많이 가져왔다. 그들은 함께 먹었다. 켈레가 말했다.

"나 이제 졸려."

"그럼 네가 자는 동안 내가 이를 잡아줄게."

그는 이를 잡아주며 그가 빨리 잠들게 두었다. 그 후에 그는 천막 안을 둘러보았다. 구석에서 오래된 사람 뼈를 보았다. 그가 말했다.

"여기서 도망가는 게 낫겠다."

그는 겉옷을 벗어서 그 안에 재를 가득 채워 화로 바로 위 가로 기둥에 매달아놓고 달아났다. 켈레가 잠에서 깨자 또 배가 고팠다.

"이것이 어디로 사라졌지?"

그는 주위를 둘러보고 나서 위를 보았다. 뭔가 커다란 것이 매달려 있는 것이 보였다. 그는 칼을 잡고 입을 벌렸다. 그리고 칼을 기둥에 매달려있는 것을 향해 던졌다. 그러나 신선한 피 대신 재가 소나기처럼 쏟아져 내려 그의 입에 가득차고 눈에도 들어갔다.

"이런 말썽쟁이! 그를 쫓아가야지."

•••

켈레가 매우 가까워졌을 때, 그 사람은 순록의 다리 하나를 잘라서 밑으로 던졌다. 켈레가 그것을 먹는 동안 그는 더 멀리 달아났다. 그 다음은 다른 다리를 잘라서 던졌다. 순록 다리가 여느 순록처럼 네 개만 남을 때까지 그렇게 했다. 켈레가 다시 매우 가까이 좇아왔다. 그러자 그는 순록을 죽였다. 켈레가 그것을 먹는 동안 그는 예전에 올라갔던 그 나무에 도달해 꼭대기로 기어 올라갔다. 켈레가 나무에 왔다. 켈레는 기어오르는 대신 나무를 갉아내기 시작해서 나무 내부로 들어왔다. 점점 아래에서 위로 올라오고 있었다.

•••

작은 새 한 마리가 가지에 앉아 "피칙, 피칙" 지저귀고 있었다.

"새야, 나를 도와줘. 살인마가 올라오고 있어."

"오, 저런! 피칙, 피칙."

큰 늑대 두 마리가 오고 있었다. 그들이 새에게 물었다.

"뭘 원하니?"

"나의 주인이 도움을 원해요. 살인마가 다가오고 있어요."

"그는 어디에 있니?"

"나무 안에요."

"우리가 그와 싸울 때 피가 흐를 거야. 피 색깔을 잘 봐라. 피가 붉으면 그건 우리 피야. 그러면 넌 '내가 죽게 될거야.'라고 해. 피가 검으면 '오! 그들이 드디어 그를 죽이고 있다.'고 해."

그들은 나무 안으로 들어가서 살인마를 붙잡고 싸우기 시작했다. 쿵쾅거리는 소리, 시끄러운 소리, 이빨가는 소리가 들렸다. 그러더니 피가 흘러 나왔다. 붉었다. 새가 말했다.

"오, 내가 죽게 될거야."

잠시 후 커다란 검은 핏줄기가 억수처럼 뿜어 나왔다. 새가 말했다.

"오, 기쁘다. 살인마가 거의 끝장났다."

늑대들이 나와서 말했다.

"드디어 우리가 너의 적을 죽였다."

그는 상층 나라의 집으로 돌아가서 거기서 아내와 순록 떼와 함께 살았다.

해양 축치족 맹인 비옌토가 들려준 이야기, 마린스키 포스트, 1900년 10월.

다른 버전

두 사람이 살고 있었다. 한 남자와 그의 아내였다. 4명의 아이를 낳았는데, 자식들이 잘되지 않아 고환에 털이 나기 전에 죽었다. 여자가 임신해 아기를 낳으면 하나 둘 계속 죽었다. 남편이 말했다.

"오, 좋지 않아! 순록 떼를 (치료하기 위해) 가 봐야겠어."

그가 순록 떼 있는 곳에 갔다. 한 숫순록의 목에 종기가 난 것이 보였다. 그 종기는 매일 더 커졌다. 마침내 아주 커져서 곪았다. 종기가 터지더니 거기에서 작은 남자아이가 뚝 떨어졌다. 그가 그 아이를 아내에게 데려가서 말했다.

"이 아이에게 젖을 좀 줘."

그녀는 가슴에 젖이 돌아 아기에게 젖을 물렸다. 아이는 곧 성장해서 순록 떼를 지키러 다니기 시작했다. 어느 날, 순록 떼한테 갔다가 돌아와서 말했다.

"순록 몇 마리가 없어졌어요."

"저런, 그 순록들이 어디에 있니?"

"몰라요. 찾으러 다녀봤지만 찾지 못했어요."

다음날 또 순록 몇 마리가 없어졌다. 다음 날도 같은 일이 되풀이되었다. 아버지가 말했다.

"거 참 이상하네. 순록들이 어디로 가는 걸까?"

그는 조용히 아들을 뒤따라갔다. 순록 떼에 당도했을 때 그는 아들이 순록을 잡아먹고 있는 것을 보았다. 순록을 잡아서 입속에 집어넣어 단숨에 삼켜버렸다. 아버지는 아내에게 돌아가서 말했다.

"정말 이상해. 순록 종기에서 나온 우리 아들이 순록을 잡아먹고 있어. 그 애가 순록들을 잡아서 삼켜버렸어."

그들은 무서워서 달아났다. 가는 도중에 큰 천둥새를 만났다.

"무엇을 원해요?"

"우린 상황이 나빠요. 순록 종기에서 태어난 남자아이가 우리 순록 떼를 모두 잡아먹고 있어요.

"그래요? 여기로 들어와요."

"어디요?"

"여기요!"

천둥새가 입을 열었다.

"들어와요."

그들이 들어갔다. 천둥새의 몸 안에 등불과 생필품들이 있는 집이 있었다. 그들은 거기에 살며 세 아들을 낳았다. 그때부터는 아이들이 죽지 않았다. 어느 날 남편이 말했다.

"가서 옛날에 살던 집을 보고 올게."

그는 밖으로 나갔다. 집 쪽으로 살금살금 기어갔다. 그런데 집이 없었다. 그 남자아이가 기둥부터 덮개까지 모든 것을 먹어치웠던 것이다. 아들이 주위를 둘러보며 중얼거렸다.

"먹잇감들은 어디 있지?"

아버지는 놀라서 달아났다.

그 순간 아들이 그의 냄새를 맡았다. 그는 냄새를 쫓아 달려왔다. 그는 천둥새에게 와서 말했다.

"내 먹이가 될 그 사람들을 어디에 뒀니?"

"그들은 여기에 있어."

"그들을 내보내."

"안 돼. 그건 창피한 일이야. 그들은 내 손님들이잖아. 나는 그들을 넘겨줄 수 없어."

"난 배가 고파. 그들이 어떤 길로 갔니?"

"이 길로."

•••

천둥새는 입을 열었다. 켈레가 그 안으로 뛰어들었다. 그러나 천둥새가 부리로 그를 붙잡아 조각내버렸다.

"이제 나와요. 당신의 적이 죽었어요. 집에 가서 순록 떼 때문에 슬퍼하지 말아요. 순록 떼가 생길 거예요."

그들은 아들들과 더불어 다섯 명이 되어 떠났다. 아버지는 순록 배설물을 모아 한 곳에 쌓아두었다. 닷새 후에 거기에 가보았다. 그것은 큰 순록 떼로 변해있었다. 그들은 순록을 치며 살았다. 곧 그들은 큰 마을을 이루었다. 그들은 계속 아이들을 낳았던 것이다. 끝.

순록 축치족 웃티쾌이가 들려준 이야기, 코랴크 프론티어 부근
오푸카 강에 있는 캠프, 1901년 2월.

12. 퀼렌토 이야기

누내문 마을 근처 치니라 불리는 곳에 고아 소년이 늙은 할머니와 살았다. 그 소년은 몸이 온통 딱지로 뒤덮여 있어서 병약했고 움직이기가 매우 힘들었다. 할머니는 많은 음식을 구할 수가 없었다. 그래서 그들은 매우 배가 고팠다. 어느 날 소년이 침실에서 깜깜한 어둠 속에 혼자 있었다. 그때 "에게게게게이" 하는 소리가 들렸다. 켈레가 어둠 속에서 그에게 왔다.

"내가 왔다. 에게게게게이."

더 크게 들렸다.

"에게게게게이."

"이런! 뭐가 오는 거지? 간질(정령)이 오는 건가?"

"아니. 난 간질로 너를 쓰러뜨리려고 온 게 아냐. 나는 친구하려고 네게 왔어. 넌 왜 그렇게 누워있니?"

"난 몸이 좋지 않아."

"저런! 오늘 뭐라도 먹었니?"

"아무 것도 못 먹었어."

"저기, 저걸 먹어."

소년은 어둠 속에 손을 뻗었다. 거기에는 말린 고기 한 조각이 있었다. 그는 그것을 입에 넣어 씹기 시작했다. 고기가 입속에서 점점 커졌다. 그는 고기를 삼켰다. 그런데 입은 여전히 가득했다. 그는 먹고 또 먹었다. 배가 불러서 더 이상 먹을 수 없게 되자 고기가 사라졌다.

"바다를 건너가서 거기에 사는 나쁜 살인마 켈레한테서 젊고 예쁜 부인을 빼앗아라. 너의 여덟 삼촌을 뱃사공으로 데려가."

정말로 할머니는 누내문에 사는 남동생이 있었는데, 그에게는 여덟 명의 아들이 있었다.

"하지만 삼촌들이 가려고 하지 않을 거야."

"너의 할머니를 누내문에 보내. 그러면 그들이 말을 들을 거야. 이제 난 간다. 브르르!"[70]

켈레가 갔다. 그는 계속 어둠속에 누워있었다. 늙은 할머니가 집에 왔다.

"아휴, 피곤해라. 내 나이에는 거의 음식을 구할 수가 없어. 자, 몇 조각 가져왔다. 여기, 먹어라."

"안 먹을래요."

"무슨 일이니? 많이 아프니?"

"아뇨."

"그럼 무슨 일이야?"

"전 많이 먹었어요."

"네가 뭘 먹어?"

"그만하세요. 할머니가 누내문에 다녀오셨으면 해요. 여덟 삼촌을 내 여행의 뱃사공으로 불러주세요."

"너 어디 가니?"

"바다 건너에 사는 늙은 켈레의 젊고 예쁜 아내를 차지하러 갈 거예요."

"오, 안 된다."

"안 그러면 지금 할머니를 죽일 거예요."

할머니는 집 밖으로 나와 집 옆에 앉아서 슬피 울었다. 그녀는 손바닥으로 얼굴을 가리고 울며 말했다.

"내가 어떻게 누내문에 갈 수 있나? 나한테는 너무 멀어."

그녀가 울고 있는 동안 자신도 모르게 누내문에 가있었다. 그녀는 올려다보고 말했다.

"이건 고래 갈비뼈로 만든 우리 아버지의 배 받침대 아냐!"

---

70) 이른바 모음가티르긴("알아들을 수 없는 말을 지껄이는 것"). 파리가 윙윙대는 것과 유사한 소리이다. 이것은 켈레의 목소리로 여겨진다.

그리고 집 근처에서 무슨 일인가 하고 있는 그녀의 남동생이 보였다. 그는 진심으로 그녀를 반겨주었다.

"오, 누나 왔어요?"

"그래."

"무슨 일이에요? 배고파서 그래요?"

"아니야. 다만 어린 내 손자가 너의 아들들을 뱃사공으로 데려오라고 시켰어. 그 애가 바다 건너에 있는 켈레의 젊은 아내를 여기로 데려올 거래."

그는 이 제안에 한 마디도 반대하지 않았다. 그가 아들들에게 말했다.

"서둘러라! 물로 내려가 가죽배를 준비해라. 꾸물거리지 마라."

그들은 가죽 덮개로 배의 골조를 덮기 시작했다. 아버지가 말했다.

"너희들 정말 이상하구나. 왜 낡은 가죽을 쓰니? 너희들은 식구수가 많은 집안 출신이야. 사람들이 너희들을 손가락질할거다. 부끄러울 거야. 사람들이 '식구 많은 가족이지만 형편없는 사냥꾼들이네. 배에 덮을 새 가죽이 없나봐.'라고 할 거다."

그들은 아버지의 말을 듣고 새로 잡은 바다코끼리 가죽을 가져왔다. 모든 것이 준비되자 그들은 소년의 집으로 노를 저어 갔다.

• • •

소년은 전처럼 안쪽 방에 깜깜한 어둠속에 누워있었다. 그는 매우 약했고 온통 딱지로 뒤덮여있었다.

"에게게게게이!"

다시 더 크게 들렸다.

"에게게게게이! 또 내가 왔어."

켈레였다.

"너 뭐하고 있니?"

"누워있어."

"왜?"

"너무 아파서."

어둠속에서 "톡, 톡, 톡"하는 소리가 들렸다.

켈레가 요강에 오줌을 누었다.

"저기 저걸로 온몸을 씻어."

그는 옷을 벗고 그 오줌으로 얼굴과 몸 전체를 씻었다. 그러고 나서 손으로 몸을 만져보았다. 오, 전부 매끈매끈했다. 손이 피부 위를 그냥 미끄러졌다.

"저기 저것들을 입어."

그는 바지와 속옷과 겉옷을 가져다 입었다.

"여기 이것도."

그것은 두 겹 모피 셔츠였다. 어둠속에서 그는 손으로 그것을 만져보았다. 술 장식이 둘러져있었다. 켈레는 모자와 장화와 목도리도 주었다. 이것들을 모두 입었다. 켈레가 말린 고기 한 조각을 주며 말했다.

"자, 그것이 너의 여행 식량이야. 배에 탄 사람 전체가 먹기에 충분해. 그리고 여기 깨끗한 물과 부싯돌이야. 이 작은 꾸러미를 가져가. 쉬고 싶을 때는 그것을 펼쳐. 그리고 이건 노인데, 사산된 아기의 팔이야. 어깨뼈가 붙어있어. 팔이 노이고 어깨뼈는 노의 물갈퀴야. 이제 난 간다. 브르르르!"

켈레가 사라졌다.

•••

삼촌들이 배를 타고 오면서 말했다.

"저기 바닷가에 서있는 사람은 누구예요?"

소년의 할머니가 말했다.

"너희들의 조카란다."

"하지만 그 애가 많이 아프다고 하던데요."

"이제는 다 나은 것 같네."

그들이 육지에 내리자 그는 그들을 마중 나갔다.

"우리 출발해요."

"하지만 우린 식량도 깨끗한 물도 없는걸."

"저한테 있어요."

그들은 출발했다. 노를 저으면서 그들이 서로 물었다.

"그런데 식량은 어디 있지?

그들은 아직 소년에게 아무 것도 듣지 못했다. 그들은 오랫동안 노를 저었다. 이제 해안에서 상당히 멀어졌다. 저녁이 되었다. 소년이 삼촌들에게 물었다.

"배고파요?"

"응."

그는 말린 고기 조각을 꺼내 사람 손톱 크기 반 만하게 작게 찢어서 각 사람에게 주었다. 삼촌들은 그것을 보고 생각했다.

"이제 우린 굶어죽게 됐구나. 우리 인생은 끝났어."

그것을 씹기 시작했다. 고기가 입안에서 커졌다. 고기를 삼켰지만, 고기는 거기 또 있었다. 그들은 아주 배가 불렀다. 더 이상 먹을 수가 없었다. 그러자 음식이 사라졌다.

"목말라요?"

"응."

소년이 꾸러미를 펼쳐서 물 위에 던졌다. 그것은 작은 가죽 깔개였다. 그것이 작은 섬으로 변했다. 섬 중앙에 작은 호수가 있었다. 그들은 섬에 내려서 호수에서 물을 마시고 땅에서 쉬었다. 그런 다음 그들은 배에 가서 자리를 잡았다. 소년이 가죽 깔개의 한쪽 귀퉁이를 잡고 옆으로 당겼다. 모든 것이 사라졌다. 그는 꾸러미를 둘둘 말아서 있던 자리에 놓았다. 삼촌들은 계속 노를 저었다. 밤이 왔다. 그들은 녹초가 되었다. 그러자 소년이 말했다.

“이제 삼촌들은 주무세요. 노는 제가 저을게요.”

그는 아기 팔을 꺼내서 그것으로 노를 저었다. 배가 미국 증기선(렐룻베트, 직역하면 “수염 배”)보다, 날아가는 새보다 더 빠르게 앞으로 나아갔다. 그러한 속력으로 밤새도록 앞으로 나아갔다. 다음날 아침 삼촌들이 일어나 노를 잡았다. 그들은 여덟 명이었음에도 불구하고 배는 훨씬 더 느리게 움직였다.

• • •

셋째 날에 저 멀리 해안 근처에 산등성이가 나타났다. 바닷가에 마을이 있었다. 큰 무리의 턱뼈집들이 있었다.

“누구시오?”

“퀼렌토요.”

“어디서 왔습니까?”

“누내문에서 왔어요.”

“무엇을 하려고요?”

“켈레의 아내를 데려가려고요.”

“오, 이런! 그렇게 크게 말하지 마시오. 그가 듣겠어요. 당신은 정말 이상하군요. 그가 들으면 당신들을 모두 잡아먹을 거예요. 여기에서 신붓감을 고르는게 더 나아요.”

노 젓는 사람들은 깜짝 놀랐다.

“육지다. 우리 여기 상륙하자.”

“너는 아무짝에도 쓸모없는 것이야. 네가 꾸물거리고 있어. 계속 노를 저어."

켈레가 아내와 함께 절벽 위에 앉아있었다. 그는 불의 눈과 가슴까지 축 늘어진 긴 혀가 있었다.

•••

"누구냐?"

"퀄렌토입니다."

"뭐 하러 왔느냐?"

"당신에게 먹을 것을 주려고요. 일행 여덟 명을 데려왔어요.

켈레는 기뻤다.

"누구를 먼저 잡아먹을까? 누구를 먼저 먹지?"

"참 이상하시네요. 그들은 오랫동안 노를 저어서 녹초가 되었어요. 먼저 그들에게 음식을 먹이세요."

"그러지. 고래 가죽, 바다코끼리 지방, 순록 비계, 순록 지방을 가져와. 그것을 저들에게 먹여."

그들은 먹었다.

"자, 누구를 먼저 잡아먹을까? 누구를 먼저 먹지?"

"정말 이상하시네요. 그들은 잠을 못 잤어요. 그들을 좀 쉬게 하세요. 내일 아침에 잡아먹어요. 그들은 도망가지 않아요. 내가 당신 음식으로 주려고 데려왔거든요."

그들은 잠을 잤다. 아침 일찍 켈레가 불렀다.

"퀄렌토, 일어나! 누구를 먼저 먹을까? 누구를 먼저 먹지?"

퀄렌토는 작은 돌 하나를 가지고 있었다. 그는 삼촌 하나를 선택해서 이 돌로 그의 머리 꼭대기에서 발끝까지 온몸에 선을 그렸다. 그런 다음 그를 앞으로 밀었다.

"여기요, 이 사람을 먹어요."

켈레는 씹으려고 했지만 아무 것도 할 수가 없었다. 켈레는 그를 버려두고 일어났다.

"오, 너무 질겨. 먹을 수가 없어. 고기가 더 연한 걸 줘."

"그럼 이걸 먹어요."

그러나 그 사람도 돌처럼 딱딱했다. 그는 여덟 명 중 아무도 먹지 못했다.

"더 연한 사람은 없어?"

"아마 나일 거예요. 나를 먹어요."

켈레가 소년을 잡으려고 하자 소년은 돌로 켈레의 머리를 내리쳐 죽였다. 켈레의 아내는 매우 젊고, 태생이 인간이었으며, 남자와 동침한 적이 없었다. 퀄렌토는 그녀를 아내로 삼았다. 그녀가 말했다.

"하지만 그는 또다른 나이 많은 아내가 있어요. 그녀는 매우 나빠요. 그녀가 당신을 죽일 거예요."

"두고 봅시다."

"그녀는 그럴 거예요. 성교를 하면서도 음문으로 당신을 죽일 거예요."

"오, 저런!"

"또 항문으로도요. 항문에 이빨이 있거든요."

"저런, 저런!"

•••

퀄렌토는 리트리버[71]가 있었는데, 거기엔 긴 갈고리들이 달려있었다. 그는 그것을 가져왔다. 밖에서 쿵쿵거리는 발소리가 들렸다. 목소리가 들렸다.

---

71) 물에 떠있는 죽은 바다표범을 가라앉기 전에 고정하는 기구

"그 퀄렌토란 못된 놈이 어디 있지? 그놈이 다른 남자의 아내들을 데려갔어. 그가 내 남편을 죽였어. 이제 나를 데려가서 내 남편이 나에게 했던 대로 하라고 해."

"좋아."

그들은 침실에 들어갔다.

"나와 같이 자자."

여자가 누워서 다리를 벌렸다. 그는 켈레의 피로 뒤덮인 돌을 그녀의 음문에 밀어 넣었다. 그녀가 그것을 꽉 잡아 모든 이빨로 부수어 버렸다. 그녀는 항문을 퀄렌토 쪽으로 돌렸다.

"항문으로도 해."

그는 갈고리가 많이 달린 리트리버를 항문에 밀어 넣었다. 항문의 이빨이 갈고리에 걸렸다. 그녀는 그것을 씹으려고 했지만 할 수가 없었다. 그래서 마침내 그녀는 숨이 막혀 죽었다.

•••

그는 다른 여자를 데려갔다. 그녀는 아주 예뻤다. 그는 재물들도 모두 가져갔다. 그들은 마을로 돌아왔다. 사람들은 너무 무서워서 아무도 그를 보러 나오지 않았다. 퀄렌토가 불렀다.

"나오세요. 내가 켈레를 죽였어요."

그러자 사람들이 달려나왔다. 그들은 가장 예쁜 소녀들을 데려와서 노 젓는 삼촌들의 신붓감으로 배에 태웠다. 소녀들은 기꺼이 승낙했다.

•••

그들은 그곳을 떠나 바다를 건넜다. 누내문에 가까워졌을 때 절벽 위에 큰 천막 여덟 채가 보였다. 천막마다 순록 떼와 목동 두 명, 외부 천막에는 큰 담배 자루가 있었다.

"이것은 여행에 대한 보답이에요."

앞쪽 집에는 순록 두 떼, 주인을 위한 담배 두 자루가 있었다.

"이제부터 순록을 치세요."

그래서 그들은 누내문을 떠나 치니로 향했다. 그리고 순록을 치는 사람들이 되었다. 그들은 거기에서 살았다. 끝.

누내문 마을 출신의 해양 축치족 누텐퀘우가 들려준 이야기,
인디안 포인트 웅이사크 마을, 1900년 5월.

13. 돌상자 안의 소녀[72]

한 노인이 살았는데 그에게는 외동딸이 있었다. 그는 딸을 커다란 돌상자에 가두어 두었다. 그녀의 구혼자들이 많았지만 그들은 아무것도 할 수가 없었다. 그녀는 상자 속에 갇혀있었기 때문이다. 그녀는 등불과 함께 거기에 있었다. 그녀는 매우 예뻤다. 그녀는 늘 바느질을 하여 자신의 새 옷을 만들고 있었다. 남루한 옷을 입은 한 고아도 그녀에게 청혼하러 가기로 했다. 그러나 그는 폭풍 속에서 길을 잃고 말았다. 마침내 집 한 채가 보였다.

"거기 누구세요?"

"나예요."

"당신은 누구세요?"

"나는 폭풍 속에서 길을 잃었어요."

"저런!"

여자가 침실로 돌아갔다.

"이보세요. 창고에[73] 고기가 있어요. 그것 좀 가져다 드세요."

"그럴게요."

그는 창고로 갔다. 거기에서 생쥐 여인이 나와서 물었다.

"당신은 누구세요?"

"나는 구혼자예요."

"그렇군요. 내 침을 좀 줄게요. 그것을 돌에 문질러요. 그러면 못이 보일거예요. 그 못을 밑으로 눌러요. 상자가 열릴거예요. 그 안에 들어가요."

72) 이 이야기는 러시아인이나 유카기르족으로부터 차용되었거나, 아니면 최소한 이들의 영향을 강하게 받은 것 같다.

73) 양악(양안의 처소격), "침실 뒤쪽, 천막의 뒷마당에"

• • •

그는 생쥐여인의 침을 돌에 문질렀다. 상자가 열렸다. 누워서 잠들어 있는 벌거벗은 소녀가 보였다. 그는 그녀를 내리 눌렀다.

"아, 아, 아!"

소녀가 소리를 질렀다. 그러자 아버지가 침실에서 소리쳤다.

"난 그가 길잃은 방문객이 아니라는 걸 알았어. 그는 구혼자야. 좋아, 그럼 당신이 내 사위가 되려면, 내 모피 셔츠 깃에 달 좋은 장식을 구해와요."

• • •

"알겠습니다."

그러나 그는 어떤 종류의 장식이 필요한지 몰랐다. 그는 출발했다. 마침내 밝은 세상을 벗어나 어두운 곳으로 들어갔다. 그는 어둠속을 걸었다. 곧 시끄러운 소리와 천둥소리가 들렸다. 한 남자가 코를 골고 있었다. 그는 더 가까이 갔다. 산만큼 큰 집이 보였다. 시끄러운 소리로 귀가 울렸지만 안으로 들어갔다. 큰 나무만한 남자가 코를 골며 자고 있었다. 그는 매우 긴 수염이 있었다. 그는 그의 수염을 잡아 손에 두 번 감았다. 그리고 그의 머리를 잡아당겨 베고 있는 베개를 끌어냈다. 가방베개의 내용물을 꺼내 뒤져보았다. 응고된 늑대가죽 한 조각을 발견했다. 그는 그것을 품에 집어 넣었다. 그리고 잠자는 남자의 수염을 잡아 그의 머리를 도로 베개 위에 올려놓았다. 그런 다음 그는 밖으로 나가는 대신 뛰어올라 한 지붕기둥의 손잡이를 잡고 통기구멍을 통해 천막 꼭대기로 빠져나갔다. 거기서 누워 잤다. 코도 골았다. 거인이 깼다.

"누가 이렇게 뻔뻔스럽게 천막꼭대기에서 코를 골아 내 단잠을 방해하는 거지?"

그는 발자국을 찾아보았다. 그러나 모든 발자국이 천막쪽으로만 나있었다. 천막 밖으로 난 것은 없었다. 거인은 어찌된 일인지 알 수가 없었다. 그러다 다시 누워 코를 골았다. 그러자 그는 그곳을 떠났다. 그가 집에 돌아오기 전에 그는 늙었다. 그가 오자마자 그의 장인이 쓰러져 죽었다. 끝.

"절벽 근처" 마을의 강 축치족 니콘 리테그레우가 들려준 이야기,
중부 아나디르.

14. 원수 갚은 소녀들

한 사냥꾼이 있었다. 그는 마을에서 유일하게 좋은 사람이었다. 그는 고리무늬물범과 큰 띠무늬물범을 잡고 있었다. 폭력배 오형제가 그 사냥꾼에게서 음식을 강탈했다. 사냥꾼의 두 딸이 성장해서 말했다.

"우리가 다 클 때까지 아버지가 우리를 먹여 살리셨어. 우리가 더 이상은 아버지가 강탈당하도록 그냥 두지 말자."

딸들은 아버지가 측은했다.

•••

그래서 그들은 훈련을 하기 시작했다. 아주 강해져서 마침내는 폭력배들과 그 일가친척을 모두 죽였다.

해양 축치족 롤로이긴이 들려준 이야기, 체친 마을, 1901년 5월.

III

전쟁 이야기

애캘릴레트킨 핑일테, "전쟁 소식을 이끌고 온 사람"

1. 마네와 마나크톤

마네와 마나크톤이라는 두 형제가 있었다. 전쟁중에 마나크톤이 러시아 사람들에게 포로로 잡혀 어두운 감옥에 갇혔다. 그에게 먹을 것과 마실 것은 주었지만, 자연적인 욕구를 해결하기 위해 옷을 벗는 것은 허락하지 않았다. 그래서 그의 바지는 배설물로 가득해져서 결국에는 더 이상 움직일 수 없게 되었다. 위대한 러시아 사령관이 크고 무거운 배를 타고 해안을 따라 가고 있었다. 그는 상류로 올라갔다. 몇 명의 젊은 남자들이 그 배를 견인하며 해안을 걸어가고 있었다. 마네는 수풀에 숨어서 그들을 지켜보았다. 그들이 더 가까워졌다. 배가 무거웠기 때문에 그들은 매우 힘이 들었다. 물론 그들은 무장을 하지 않은 상태였다. 모든 무기는 배 안에 있었기 때문이다. 그들이 아주 가까워지자 마네는 튀어 나가 공격했다. 그는 모두를 창으로 찔러죽였다. 그들 모두는 배를 끄느라 너무 지쳤기 때문에 저항할 수 없었다. 모두 죽자 마네가 배를 견인하는 밧줄을 잡았다. 사령관은 혼자 배에서 키를 잡고 있었다. 마네는 견인밧줄을 잡아당겼다.

"거기 당신! 배에 있는 모든 무기를 물에 버려! 그렇지 않으면 견인 밧줄을 놓아버리겠다."[74)]

사령관은 총과 긴 칼(검)을 모두 물에 버렸다. 마네는 배를 자기에게 가까이 끌어당겼다. 그가 말했다.

"왜 내 형제를 어두운 감옥에 가뒀나? 그를 석방하라."

"알았다."

"모르코바로 가자."

그들은 움직이기 시작했다. 마네는 혼자서 배를 견인했다.[75)] 그들은 마르코바로 갔다. 사령관이 말했다.

"마나크톤을 석방하라."

•••

그러나 러시아 "트랜스 샤먼"[76)]이 그것에 반대했다. 그가 마네에게 말했다.

"나는 당신이 혼자 배를 견인할 수 있었다는 것을 믿을 수 없소. 만약 당신이 진짜로 그랬다면, 시험해봅시다. 두 명의 러시아 사람이 긴 칼을 머리 높이로 들고 있으면 당신은 그 칼을 뛰어넘으시오."

그들은 칼을 머리 높이로 들었다. 마네는 생각했다.

"난 할 수 없을거야. 난 죽을거야. 내 형제가 지금도 죽어가고 있어. 한번 해보자."

---

74) 이 이야기를 해준 사람은 이 위협에 대해 설명하면서 물살이 매우 세서 줄을 놓으면 필시 배가 전복될 것이라고 말했다.

75) 시베리아 정복자 예르마크에 대한 러시아 이야기에도 비슷한 에피소드가 있다. 아마 축치족이 코사크족로부터 차용한 것일 것이다.

76) 이르카-라울, 아마도 러시아 사제를 말하는 것 같다. 러시아 사제의 웃옷이 여자의 예복과 비슷하기 때문에 여기에서는 축치족의 "트랜스 샤먼"에 해당하는 사람이다.

그는 숨을 깊이 들이마시고 점프해서 칼을 넘었다. 그는 돌아서서 그 칼을 되넘었다. 그는 높이 떠있는 러시아 칼을 계속 뛰어넘어 왔다 갔다 했다.

러시아 샤먼이 말했다.

"오, 정말! 당신은 매우 민첩하군. 마나크톤을 이리 데려와."

그들이 마나크톤을 데려왔다. 그는 너무 쇠약해져서 걸을 수도 없었다. 그들이 그를 데리고 들어가 칼로 바지를 찢어 벗기고 깨끗이 씻겨주었다. 그리고 그를 일으켰다. 마네가 형제에게 말했다.

"바닷가로 가자."

그는 러시아 사람들에게 차와 설탕과 담배를 청했다. 그들은 아무것도 주지 않았다. 그는 러시아 샤먼의 얼굴을 쳐서 죽였다. 그런 다음 강쪽으로 달아났다. 젊은 러시아 남자들이 총을 쏘았다. 그는 머리에 총을 맞았다. 그렇게 그는 거기에서 죽었다. 끝.

순록 축치족 애물린이 들려준 이야기, 아나디르 강 중류 근처 마을, 1900년 11월.

2. 퀼렌토

키기니 마을에 한 남자가 살았다. 그는 두 아들이 있었다. 태양 족장(티르크-에렘)이[77] 이 땅에 사람들을 보냈다. 사람들이 이 사람에게 와서 말했다.

"태양족장께서 당신의 아들들을 고용하기 원하십니다."

태양족장이 한동안 그를 고용했다. 그런데 그로인해 기분이 상해서 그를 참수했다. 2년이 지나고 삼년째가 되었다. 장남은 돌아오지 않았다. 물론 그는 목이 잘렸기 때문에 돌아올 수가 없었다. 동생이 자라서 성년이 되었다. 그는 항상 달리기와 어깨에 짐을 지고 점프하기 훈련을 했다. 그래서 그는 매우 강해졌다. 그는 자신을 위해 창을 하나 만들었다. 창 끝은 노의 물갈퀴만큼 길고, 창 자루는 천막기둥만큼 굵었다. 봄에 태양족장이 보낸 다른 사람들이 아버지에게 와서 말했다.

"태양족장께서 당신의 다른 아들을 고용하길 원하십니다."

"내 아들을 주지 않겠소. 나는 너무 늙었고 다른 자식이 없어요. 그런데 내 맏아들은 어디 있습니까? 그애가 더 이상 나타나지 않아요."

그들이 갔다. 아들이 말했다.

"왜 그들의 요구를 거절하셨어요? 형이 이 길을 갔으니 저도 가게 해주세요. 왜 거절하셨어요? 저를 그들과 함께 보내는게 더 나아요."

때가 되자 그들이 다시 왔다.

"태양족장께서 당신의 다른 아들을 손님으로라도 데려오길 원하십니다."

"알겠소. 그애를 데려가시오."

그들은 떠났다.

---

77) 황제

•••

태양족장에게 가는 길 도중에 또 다른 태양 족장이 살고 있었다. 그들이 그에게 갔다. 그는 방비가 잘 된 큰 집에 살았다. 그의 딸이 밖으로 나왔다가 즉시 집쪽으로 돌아서서 말했다.

"손님이 왔어요."

그녀의 아버지가 나와서 말했다.

"자, 너의 검술실력을 보여다오."

퀄렌토는 창을 휘두르기 시작했다. 그는 창을 휘둘러 다양한 찌르기와 옆치기를 했다. 해가 왼쪽에 있다가 오른쪽으로 넘어갔다. 막 해가 지려고 했다. 그는 아직도 창을 휘둘렀다. 태양족장이 말했다.

"오, 정말 잘하는구나. 내가 너를 내 사위로 삼고 싶구나."

태양족장은 그에게 아주 친절했다. 그리하여 그는 밤에 소녀와 함께 누워서 그녀를 아내로 만들었다. 다음날 아침 그는 장인의 창을 들고 떠났다. 자신의 창은 연습을 너무 많이 해서 자루가 휘었기 때문이다. 그들은 첫 번째 태양족장에게 갔다. 그는 누워서 세게 코를 골고 있었다. 그는 큰 대(大)자로 누워 자고 있었다. 그의 성기 근처에 작은 개가 막대기에 묶여있었다. 그 개는 작고 말랐지만 경계를 잘했다. 개의 귀가 아주 미세한 소리에도 쫑긋거렸다. 퀄렌토는 창문을 열고 기어들어갔다. 개가 그를 공격했다. 그는 위로 뛰어올랐다. 개는 그를 놓치고 떨어졌다. 퀄렌토는 개를 죽이려고 개를 짓밟았다.

•••

그러자 그 개가 사람의 말로 말을 했다.

"나를 짓밟지 마세요. 지금부터 당신을 내 주인으로 섬길게요."

"좋다. 그럼 이 사람을 깨워라."

"예."

개는 자고 있는 태양족장을 향해 달려들어 그의 오른손을 물었다. 태양족장이 말했다.

"정말 이상하군. 이 개가 주인을 물다니."

태양족장이 방문객을 보았다.

"너냐? 왜 내가 자고 있을 때 왔느냐? 내가 자고 있을 때 나를 공격하려고 했느냐? 자, 나와라."

그들은 밖으로 나갔다. 집 근처에 많은 썰매들이 아주 높이 쌓여있었다. 그들은 썰매 더미 위에 뛰어올라가 싸우기 시작했다. 그들은 하루 종일 창을 가지고 싸웠다. 태양족장이 지쳐갔다. 눈은 허옇게 되고, 입가에는 거품을 물었다. 그러자 드디어 젊은 남자가 그의 다리 사이를 창끝으로 찔러 그를 내던졌다. 그리고는 뒤따라 뛰어올라 있는 힘을 다해 그를 찼다. 그리고 그를 뒤쫓아가 그를 뛰어넘었다. 태양족장이 쓰러져 기절했다. 정신이 들자 그는 담뱃대에 담배를 채워 피웠다.

"이런! 그런데 왜 나를 조롱하는 것이냐? 네가 승자이니 내 목을 쳐라."

"그러지 않겠다."

"오, 이런!"

그는 담배를 한 대 더 피웠다.

"이걸로 충분하다. 나를 죽여라."

"죽이지 않겠다."

"내 집, 내 창고에 있는 모든 재물, 그 모든 것을 네가 가져라."

"나는 그 모든 것을 원하지 않는다."

"그럼, 빨리 끝내라. 조롱은 이걸로 충분하다. 빨리 나를 처치해라."

"좋다."

그는 창으로 그를 두 번 찔러 눈을 파냈다.

"이봐, 당신, 이거 가져."

사방에서 지팡이 위로 인간의 머리들이 올라왔다. 모두 축치족이었다.(All around upon staffs human heads were elevated, all of them Chukchee.) 그는 그들을 모두 데리고 떠났다. 그는 그 개와 새로 결혼한 아내도 데려갔다. 말과 순록이 긴 행렬을 이뤘다. 그는 이 행렬을 이끌고 떠났다. 전부 차, 담배, 설탕, 총, 납, 탄약 등이 실려있었다. 그는 이것을 전부 집에 가져갔다. 그들은 살았다. 끝.

누내문 마을 출신의 해양 축치족 누텐퀘우가 들려준 이야기,
인디안포인트 웅이사크 마을, 1900년 5월.

3. 타능이트와의 전쟁

친토우르긴과 앙콸콴이라는 두 형제가 살았다. 그들의 집은 매우 가난했다. 열 명의 건장한 타능이트 전사들이 순록을 타고 쳐들어왔다. 그들은 호수 근처의 모든 사람들을 죽였다. 친토우르긴과 앙콸콴은 순록을 사냥하러 가고 없었다. 타능이트 전사들이 그들의 동거인들을 죽이기 시작했다. 그 때 두 사람이 돌아왔다. 열명의 타능이트 전사들은 나란히 섰다. 양 끝에 선 두 사람은 매우 약했다. 가운데에 있는 다섯 번째 사람이 그들 중 가장 강했다. 왼쪽 끝에 선 사람이 말했다.

"우리 저놈들을 어떻게 죽일까?"

그러자 오른쪽 끝에 선 사람이 말했다.

"쏴 죽이자."

강한 사람이 말했다.

"너희들은 약골이야. 난 저놈들의 손과 발을 묶어서 타능이트 여자들에게 산채로 데려갈 수 있어."

•••

앙콸콴이 말했다.

"붙어 보자."

그들은 싸웠다. 전사가 창으로 앙콸콴의 가슴을 찔렀다. 그는 앙콸콴의 띠무늬물범 가죽 갑옷을 타격했다. 앙콸콴이 쓰러졌다.

"와! 와! 와!"

모든 타능이트가 소리쳤다. 앙콸콴이 말했다.

"아직 아냐. 난 아직 살아있어. 내 손은 묶이지 않았어. 내 발도."

그는 누운채 긴 창으로 타능이트 전사를 찔렀다. 그의 창끝은 타능이트의 것보다 훨씬 강했다. 그는 타능이트 전사를 꿰찔러 죽였다. 그의 형제는 더 맹활약했다. 앙콸콴이 상대를 죽이기 전에 그는 오른편과 왼쪽편에 선 모든 사람들을 죽였다. 그들이 죽인 타능이트 전사들의 순록과 소유물을 전부 모아서 가져갔다.

•••

그들이 집에 가보니 동거인들이 거의 굶어 죽어가고 있었다.[78] 그들은 순록을 도축해 친구들에게 먹으라고 주었다. 다음 해에 다른 열 명의 타능이트 전사들이 또 쳐들어왔다. 앙콸콴이 순록 한 마리를 타고 그들을 맞으러 나갔다. 그가 말했다.

"한 마리의 순록만으로 내가 무사할 수 있을까? 순록이 아예 없는 것이 더 나을거야."

그는 칼로 그 동물을 찔렀다. 순록이 앞으로 돌진해 한 줄로 늘어선 타능이트 전사들을 돌파하고 쓰러졌다. 그들은 싸웠다. 앙콸콴이 모든 타능이트를 죽였다. 그러나 그도 치명상을 입었다. 그가 거기에 죽어 누워있을 때, 케레트쿤이[79] 그에게 와서 말했다.

"나는 네가 가엾다. 내가 너에게 생명을 돌려줄 수 있다."

그 시체가 말했다.

"그렇게 해주세요."

"네가 내 명령을 따른다고 약속하면 내가 널 다시 살려주겠다."

"그러겠다고 약속합니다."

"그럼 잘 들어라. 타능이트 한 사람이 순록 썰매를 타고 지나갈 것이다. 그것이 너의 감사절 의례의 대상이다. 그와 그의 순록으로 감사

78) 앞에서 이야기한 것으로 미루어 볼 때, 싸움은 집 근처에서 있었던 것으로 추정된다. 이런 류의 불일치는 축치 이야기에서 드물지 않다.

79) 자비로운 정령.

절 의례를 거행해라.

"알겠습니다."

케레트쿤은 앙콸콴을 살아나게 했다. 타능이트 한 사람이 순록 썰매를 타고 지나갔다. 앙콸콴은 창으로 그를 찔러 죽여서 시체를 집으로 가져갔다. 이것으로 감사절 의례를 행했다. 그의 머리와 그의 순록 두 마리가 의례의 대상이었다. 그렇게하여 그는 생명을 되찾았다. 끝.

해양 축치족 팡안토가 들려준 이야기, 마린스키 포스트, 1900년 10월.

IV

러시아화된 원주민들의 이야기

1. 바다를 뛰어서 건넌 사람(Sea-Jumper)[80)]

늙은 남자와 늙은 여자가 있었다. 그들에게는 두 아들이 있었다. 장남이 칼을 갈다가 숫돌을 부러뜨렸다. 아버지는 화가 나서 창자루가

80) 이 이야기와 다음의 이야기들은 콜리마 강 하류와 아나디르강 유역의 러시아화된 원주민들 사이에서 수집되었다. 이것들은 축치 기원이라고 말해지며, 과연 전체적인 특징은 축치적이다. 어떤 에피소드들은 축치인들 사이에서 수집된 다른 이야기들에도 나타난다. 그것들 중 일부는 나의 요청에 따라 원주민의 이야기를 러시아어를 쓸 줄 아는 원주민들과 러시아 코사크인들이 러시아어로 기록한 것으로, 이것들을 나중에 나에게 주거나 보내주었다. 나는 여기에 축치 이야기라는 특별한 제목을 달았다. 이러한 이유로 나는 몇몇 이야기들을 축치 시리즈에 넣는 것이 타당하다고 생각한다. 이 이야기의 어떤 에피소드들은 장인이 사위에게 준 순록떼에 이르기까지 축치적임에도 불구하고, 다른 에피소드들은 삼림지대 경계 내에 살며 육지 사냥감을 사냥하는 섬원주민의 삶을 언급한다. 예를 들자면, 통나무배를 타고다니며 딸기를 따는 여자들, 역시 통나무배를 타고 털갈이한 거위를 사냥하는 남자 등이 그러하다. 이러한 세부 내용들은 축치족의 생활에 속하지 않는다. 해양 축치족은 삼림지대 경계 너머에 살고 순록 축치족은 여름동안 툰드라에 간다. 그들은 강 유형의 통나무배가 없다. 또한 여름에 털갈이한 거위를 사냥하거나 딸기를 따는 데에 많은 시간을 보내지도 않는다. 그와 반대로 이러한 내용들은 유카기르나 추반치 강 주민의 특징이며, 러시아화되기도 했고 미개한 상태에 있기도 하다.

부러지도록 한참을 난폭하게 아들을 때렸다. 아들은 울었다. 그리고는 남동생을 위해 활과 뭉툭한 화살 하나를 만들어주었다. 그는 그것들을 다 만들어 동생에게 주며 말했다.

"나를 보고 싶을 때는 이 화살을 쏴라."

그는 떠났다. 그리고 다시는 보이지 않았다.

저녁이 되었다. 그러자 동생이 울기 시작했다. 아버지가 물었다.

"너 왜 우니?"

그가 말했다.

"형이 보고 싶어요. 형이 '난 떠날거야. 다시는 돌아오지 않을거야.' 라고 했어요."

아버지가 아내에게 말했다.

"내 장화를 가져와."

아내는 그에게 장화를 주었다. 그는 그것을 신고 장남을 추적하기 시작했다. 그러나 아들은 멀리 앞서가 있었다. 그는 숲을 지나 툰드라에 갔다. 아버지는 삼림지대 경계의 마지막 나무에 올라갔다. 수평선에 작은 입김이 보였다. 그것은 아들의 입김이었다. 그는 목청껏 아들을 불렀다.

"얘야, 아들아, 돌아와, 돌아오라구. 돌아오고 싶지 않으면, 잠시 멈춰서 내 얘기라도 들어봐."

아들이 멈추어 서서 아버지의 말을 들었다. 아버지가 계속했다.

"툰드라를 건너서 바다로 가라. 그리고 바다를 건너. 얼음이 깨질거야. 그럼 유빙을 이리 저리 옮겨타. 그렇게 가다보면 반대쪽 해안에 닿을거야. 넌 힘이 완전히 빠질거야. 마지막 유빙이 시커먼 물에서 떠오를거야. 너는 어떻게든지 그 유빙으로 건너 뛰어야만 해. 그리고 '오 유빙아! 나를 땅에 데려다다오.'라고 말해. 그럼 아무 탈없이 단단한 땅에 가게될거야. 땅에 닿으면 해안으로 올라가. 네가 도중에 무엇을 만나든, 그것이 흰멧새(Passorina Nivalis)라 할지라도, 죽여야 돼. 그것이 네 음식이 될거야. 백할미새(Motacilla alba)라도 그것을 죽여. 그것도 음식이 될거야. 그리고 또, 해안에서 순록이 사람처럼 말을 해도 놀라지 마라."

•••

아들은 이 말을 다 듣고 길을 계속 갔다. 그는 바다로 가서 바다를 건넜다. 그 주위에서 얼음이 깨지기 시작했다. 그는 이 유빙에서 저 유빙으로 건너뛰었다. 결국 그는 완전히 탈진했다. 그때 시커먼 물에서 마지막 유빙이 나타났다. 그는 그 위에 뛰어올랐다. 그 유빙은 해안으로 점점 더 가까이 떠내려갔다. 마침내 마른 땅에 도달했다. 그는 땅에 올라가 불을 피웠다. 불 위에 젖은 옷들을 말리려고 걸어두었다. 그는 이 불 옆에 누워있었다. 갑자기 흰멧새가 푸드득거렸다. 그는 활로 흰멧새를 잡았다. 깃털을 뽑고 나무꼬치에 꿰어 불에 구웠다. 다됐는데, 꼬치에는 작은 마른 가죽만 남아있었다. 그는 그것을 던져버리고 말했다.

"구운 멧새한테서 뭘 더 기대할 수 있겠어?"

그때 아버지의 말이 생각났다. 그는 그것을 주워 먹으려고 했다. 그런데 짜잔! 꼬치에 기름진 야생 양 가슴고기가 있었다. 그는 많이 먹고 쉬려고 누웠다. 그때 할미새가 지나갔다. 그는 활로 할미새를 잡았다. 털을 뽑고 꼬치에 꿰어 구우려고 불 위에 두었다. 그사이에 그는 잠이 들었다. 그가 다시 깼을 때 꼬치에는 작은 마른 가죽만 있었다. 그는 그것을 던져버리고 말했다.

"고작 할매새한테서 뭘 더 기대할 수 있겠어? 이건 먹는 것이 아니야."

그때 아버지의 말이 생각나서 그것을 먹으려고 했다. 그런데 꼬치에는 묵직한 야생 양 안심고기가 있었다.

• • •

그는 쉬었다. 옷도 다 말랐다. 그는 길을 계속갔다. 잠시 후 사람이 말하는 소리가 들렸다. 여자애들이 자기네끼리 얘기하고 있는 것 같았다. 한 사람이 말했다.

"언니! 언니의 도마를 어디에 놓고 왔어?"

다른 사람이 대답했다.

"산등성이에 두고 왔어."

이번에는 그녀가 물었다.

"그런데 너의 반짇고리는 어디에 두고 왔니?"

"저쪽 바위 아래에 두고 왔어."

그는 숨어서 쭈그리고 앉자서 말하는 사람들을 기다렸다. 그러나 그것은 야생 암순록떼였다. 그는 살진 좋은 암컷을 하나 골라 그녀에게 활을 쏘았다. 이런, 그녀가 뛰어올랐다.

"왼쪽 옆구리가 아파. 왼쪽 옆구리가 아파."

그는 또 한번 활을 쏘아 암순록을 죽였다. 그것의 가죽을 벗기고 가장 기름진 고기를 골라 햇볕에 조금 말렸다. 그렇게해서 가져갈 수 있는만큼 말린 고기를 잔뜩 준비했다. 그는 이것을 어깨에 매고 계속 걸어갔다. 머지않아 그의 가방이 덜 무거워졌다. 그것들을 거의 다 먹었을 때 즈음, 다시 사람들이 말하는 소리가 들렸다. 남자 목소리였다.

"형! 활을 어디에 두고 왔어?"

"저기, 이 언덕 너머에 두고 왔어."

"그럼 화살통은 어디에 두고 왔어?"

"저기, 골짜기 아래에 두고 왔어."

그는 말하는 사람들을 지켜보며 쭈그려 앉았다. 그것은 숫순록떼였다. 그는 살진 숫컷 하나를 골라 그에게 활을 쐈다. 숫순록이 펄쩍

뛰며 말했다.

"왼쪽 옆구리가 아파. 왼쪽 옆구리가 아파."

그는 한번 더 활을 쏘아 숫순록을 죽였다. 그런 다음 가죽을 벗기고 가장 좋은 고기를 햇볕에 말렸다. 그는 말린 고기를 한 짐 만들어 해변을 따라 계속 갔다. 마침내 강에 도착했다. 그는 강을 건널 수단을 발견하지 못했다. 그래서 건널 장소를 찾으며 강을 걸어 올라갔다. 잠시 후 강둑에서 판자로 만들어진 배 한 척과 나무 몸통을 파내 만든 통나무가 보였다. 이것들은 딸기를 따고 있는 두 소녀의 것이었다. 하나는 사람의 딸이었고, 다른 하나는 까마귀의 딸이었는데, 둘은 같은 마을에 살았다. 인간 소녀의 배는 깨끗한 딸기가 가득했다. 까마귀 소녀의 통나무배는 나뭇잎과 가지가 섞인 딸기가 실려있었다. 그는 배에서 깨끗한 딸기를 아주 많이 먹었다. 그런 다음 그의 고깃짐을 통째로 이 배에 넣었다. 까마귀 소녀의 통나무배에는 고기 조금과 비계 몇 조각만 두었다. 까마귀 소녀가 나무 꼭대기에서 이것을 보고 말했다.

"오, 언니! 바다를 뛰어서 건너는 사람이 왔어. 그가 우리 둘 중 누구를 아내로 삼을까? 당장 집에 가보자."

그들은 배로 달려갔다. 까마귀 소녀가 말했다.

"언니! 언니 배에서 무엇인가 발견했어?"

인간 소녀가 말했다.

"아무 것도 없어."

까마귀 소녀가 말했다.

"그럼 그가 나하고 결혼할거야. 그가 내 통나무배에 고기와 비계를 약간 넣었거든."

그들은 집으로 노를 저었다. 남자는 해안을 따라 갔다. 얼마 후 강 이쪽에 집들이 보였다. 바다를 건너뛰는 사람은 사람의 집을 보고 그곳으로 들어갔다. 그 사람은 아들 셋과 딸이 하나 있었다. 딸이 흰 가죽을 가져와 자기 옆에 펴고, 구혼자에게 그 위에 자리를 잡으라고 말했다. 까마귀 딸도 와서 이 흰 가죽 위에 그 남자 가까이에 앉았다. 그러자 그들이 그녀를 밀어냈다.

"저리 가. 설사 똥아(you diarrheea incarnate!)! 네가 우리집 전체를 더럽히겠다."

까마귀 소녀가 갔다. 그는 인간 소녀와 결혼해서 함께 살았다.

• • •

그러자 까마귀가 어떤 방법으로 딸의 복수를 할 수 있을까 생각하기 시작했다. 그래서 그는 사람의 사위에게 말했다.

"우리 털갈이하는 새들을 사냥하러 가세."

바다를 뛰어서 건넌 사람이 말했다.

"내가 어떻게 가요? 나는 통나무배가 없어요."

그의 장인이 말했다.

"여기 통나무배가 있네. 이것을 가지게. 그와 함께 가. 그는 자네와 사냥 시합을 하려는 거야."

그들은 새를 찾아 갔다. 어디가든지 거위떼를 발견했다. 사람의 사위가 가장 큰 거위를 잡았다. 가장 민첩한 성숙한 거위였다. 까마귀는 새끼 거위들과 새끼 오리들 밖에 잡지 못했다. 사람의 사위는 곧 거위로 배 전체가 가득찼다. 까마귀는 조금밖에 잡지 못했다. 그들이 집에 갔다. 바다를 뛰어서 건넌 사람이 먼저 집에 왔다. 그들은 모든 거위들을 집안으로 옮겼다. 까마귀는 잠시후에 왔다. 그의 가족들이 몇 안되는 새끼 거위들을 집안으로 들고 들어갔다. 그들은 이것들을 집안으로 가져갔다가 도로 통나무배로 가져갔다. 그리고는 그것을 다시 집안으로 가져갔다. 그들은 밤늦게까지 이런식으로 했다. 까마귀 소녀가 이런 꾀를 낸 것이었다. 인간 사람들은 새들의 털을 뽑아

깃털을 집 밖에 버렸다. 밤에 까마귀 소녀와 그녀의 어머니가 깃털을 모두 모아 자기네 집으로 가져갔다. 다음날 아침, 까마귀가 허풍을 떨었다. "이봐, 사람의 사위는 아무 것도 아니야. 내가 새를 얼마나 많이 잡아왔나 보라구. 내 집 옆에 깃털들이 있어. 그리고 그는 사냥하는 동안에도 많이 먹지 못했어. 난 저런 쓸모없는 자를 사위로 맞지 않을거야."

그의 이웃인 사람은 아무 말도 하지 않았다. 진실을 알고 있었기 때문이다. 그는 사위에게 말했다.

"자네는 친부모가 있네. 자네 나라로 돌아갈 시간이야."

"알겠어요."

"아침에 내가 여행 준비를 해주겠네."

다음날 아침 사위가 일어났을 때 집 근처에서 폭풍우 같은 시끄러운 소리가 들렸다. 밖으로 나가보니 아주 많은 순록떼가 보였다. 장인은 사위와 딸에게 그 순록들을 집으로 가는 여행길에 데려가라고 주었다. 그들은 떠났다. 그는 습관대로 앞서 나가며 아내에게 말했다.

"순록떼와 함께 저기 저 바위로 와요. 오늘밤은 저기에서 묵어요."

그녀는 남편이 가리킨 바위에 도착해서 눈을 치우고 천막을 세웠다. 그런데 그녀에게 불이 없다는 것을 알게 되었다. 그녀는 땅에 엎드리더니 암늑대로 변했다. 그리고는 집으로 달려가서 횃불을 가져왔다. 그가 와서 그녀가 다 요리된 고기를 가지고 있는 것을 보았다. 그는 속으로 생각했다.

"어떻게 이럴 수 있지? 내가 부싯돌을 갖고 있었는데. 아내가 어디서 불을 얻었을까?"

밤이 지났다. 남편은 아무 말도 하지 않았다. 다음날 그들은 다시 길을 떠났다. 먼 거리를 간 후 정오가 지났다. 그가 말했다.

"당신은 저쪽 바위에 가요. 거기에서 밤을 지내요."

그녀는 바위에 가서 눈을 치우고 천막을 세웠다. 그리고 그녀에게 불이 없다는 것을 알았다. 왜냐하면 그녀의 남편이 부싯돌을 갖고 있었기 때문이다. 그녀는 땅에 엎드려 늑대로 변해서 횃불을 가지러 집에 달려갔다. 그녀의 남편이 왔을 때 고기가 이미 요리되어 있었다. 그러자 남편은 짜증이 나서 그녀에게 물었다.

"당신 어디서 불을 구했어? 누군가 여기 왔었군."

다음날 아침 그가 말했다.

"지금 우리는 바다로 가고 있어요. 한동안 바다를 건너야돼요. 그러니 밤을 지내도록 멈춰요."

그는 앞서 가서 그녀가 오는 것을 지켜보았다. 그녀가 그곳에 와서 눈을 치우고 천막을 세웠다. 그런다음 또 늑대로 변해 불을 가지러 집으로 달려갔다. 그녀가 불을 가지고 돌아가기 시작했다. 남자가 말했다.

"오, 난 그녀를 원하지 않아. 때가 되면 그녀가 날 죽일거야."

그래서 그는 그녀에게 화살을 쏘았다. 그녀가 횃불을 떨어뜨리고 급히 도망갔다. 그녀는 그와 함께 가기를 거부하고 부모에게 돌아왔다. 모든 순록도 그녀를 따라왔다. 그는 계속 걸어서 드디어 자기 나라에 왔다. 그의 아버지가 말했다.

"네 아내는 어디 있니?"

아들이 대답했다.

"때가 되면 그녀가 나를 잡아먹을까 무서워서 죽이려고 했는데 집으로 달아났어요. 순록도 모두 그녀를 따라갔어요."

아버지가 말했다.

"돌아가라. 네 어머니도 그랬었다. 그러나 내가 여기에 데려오자 곧 그런 일이 없어졌다. 내가 네 어머니를 바로 그 나라에서 데려왔다."

그래서 바다를 뛰어서 건너는 사람이 돌아갔다. 그는 그 사람의 집에 가서 그의 신부 옆에 자리를 잡았다. 그러나 그녀는 펄쩍뛰어 달아나버렸다. 그녀가 말했다.

"왜 왔어요? 당신은 나를 죽이려고 했어요."

그러자 그녀의 큰오빠가 말했다.

"걱정하지 마라. 그것은 모두 내가 한거야. 난 너를 다시 보고 싶었다. 그래서 그를 조정하여 너를 죽이고 싶게 만들었어. 난 네가 다시 한번 돌아와주기를 바랬어. 그렇지 않으면 난 너를 영영 보지 못할테니까."

이 오빠는 위대한 샤먼이었다. 그녀는 마음이 누그러져서 그가 가까이 다가오는 것을 허락했다. 그들은 거기에서 하룻밤을 보내고 떠났다. 이때부터 그녀가 무엇을 하든 그는 개의치 않았다. 그녀가 늑대로 변해서 불을 가져와도 그녀를 감시하지 않았다. 그들은 그의 아버지에게 가서 거기에서 살았다.

러시아화된 유카기르 여자 테오도시아가 들려준 이야기,

대 아누이 강 유역 "두개의 시내" 마을, 1905년.

2. 순록에서 태어난 사람

한 사람이 살았는데, 그는 아들이 하나 있었다. 이 아들은 항상 순록떼와 함께 있었다. 어느날 그가 순록떼에 갔다가 암순록 한 마리의 귀에 종기가 난 것을 보았다. 밤이 지났다. 다음날 아침 그가 아버지에게 말했다.

"아버지! 암컷 순록 하나의 귀에 아주 이상한 종기가 났어요. 그것을 죽이는게 좋겠어요."

아버지가 말했다.

"바보같은 말 마라. 그냥 둬."

다음날 저녁 그는 그 암순록이 땅에 누워있는 것을 보았다. 세 번째 날 저녁에 어린 아기 울음소리가 들렸다. 그것은 순록에서 태어난 자였다. 그는 집으로 달려가서 말했다.

"오 아버지! 제가 그 암순록을 죽이는게 좋겠다고 했잖아요. 지금 어린 아기가 거기에서 울고 있어요. 순록에서 태어난 거예요."

아버지가 그를 나무랐다.

"가서 여기로 데려와."

아기는 매우 무거워서 그는 겨우겨우 집에 데려갈 수 있었다.

"하고 싶으면 이제 네가 그애를 돌봐라."

아기는 사흘만에 걸어다니고 소년이 되었다. 나흘째 되던 날 소년은 순록떼에게로 가고 싶어했다. 아들은 그를 데리고 가지 않으려 했다. 그러자 아버지가 야단을 쳤다.

"그애를 목동 조수로 데려가라."

그는 그 소년을 데리고 순록떼에게 갔다. 소년이 말했다.

"형은 이쪽 떼를 지켜요. 난 저쪽 떼를 지킬게요."

밤이 오자 소년이 말했다.

"내 입아, 열려라!"

그의 입이 열렸다.

"오 순록아! 내 입으로 들어가라."

그러자 순록이 그의 입으로 들어갔다. 다음날 아침 순록 몇 마리가 사라졌다. 형이 물었다.

"이 순록들에게 무슨 일이 생긴거냐?"

소년이 말했다.

"늑대들이 물어 갔어요."

"그런데 눈 위에 늑대 발자국이 왜 보이지 않지?"

그들이 집에 갔다. 아들이 또 아버지에게 말했다.

"우리 저 애를 죽여요. 그가 순록떼 전체를 몰살시킬거예요."

아버지가 야단쳤다.

"늑대들이 와서 우리 순록을 죽인 것은 네가 형편없는 목동이기 때문이다."

그들은 다시 순록떼에게 갔다. 소년이 말했다.

"내가 이쪽 끝에 설게요. 형은 저쪽에 서요."

밤이 오자 소년이 말했다.

"오, 너, 나의 입아, 열려라."

그러자 입이 열렸다.

"오, 너, 순록아, 내 입으로 들어가라."

그러자 순록들이 그의 입으로 들어갔다.

•••

다음날 아침 아들이 다시 물었다.

"그 순록들에게 무슨일이 생긴거야?"

소년이 전과 같이 말했다.

"늑대들이 와서 잡아 갔어요."

"그런데 왜 눈 위에 늑대 발자국이 보이지 않지? 내 생각에는 네가 그것들을 잡아먹은 것 같은데."

그들이 집에 왔다. 아들이 부모에게 말했다.

"그 애가 순록떼를 죽인다고 제가 전에 말씀드렸잖아요. 이제 전 떠날거예요. 그렇지 않으면 그 애가 나도 잡아먹을 거예요."

그는 달아났다. 밤새도록 뛰었다. 아침에는 더 천천히 가고 있었다. 잠시 후 말 한 마리가 보였다. 말 옆 기둥에 사람 시체들이 머리가 묶여 매달려있었다. 한 여자가 나와서 매우 기뻐하며 말했다.

"오, 오! 사람이다. 손님이다."

그녀는 기둥에 뛰어올라 사람 시체 하나를 끌어내렸다.

"그걸로 뭘할겁니까?"

"당신을 위해 요리를 할 거예요."

"오, 무서워라. 우리는 그런 음식은 먹지 않아요."

그녀는 뛰어 나가더니 잠시후 큰 순록떼를 집으로 몰고왔다. 아주 살찐 순록 한 마리를 죽여 그 사체를 집으로 가져왔다. 남자가 말했다.

"조심해요. 이 깨끗한 고기를 저 더러운 솥에 요리하지 마요."

그녀는 그 솥을 버리고 다른 새 솥을 가져와서 요리를 했다. 그는 먹었다. 밤이 왔다. 그들은 자러 갔다. 여자가 말했다.

"당신이 나와 결혼하면 좋겠어요."

그가 대답했다.

"당신이 이런 음식을 그만 먹는다면 당신과 결혼하겠소."

그녀가 말했다.

"좋아요. 나와 결혼해요. 당신이 시키는대로 먹고 마실게요."

그래서 그는 그녀와 결혼해서 성교를 했다. 그녀는 매일 외출을 했다. 다음날 아침 그녀가 나가자 그는 통곡하기 시작했다. 저녁에 그녀가 물었다.

"내가 나가고 난 후 당신이 통곡한 이유가 뭐예요?"

남자가 말했다.
"자라다 만 버드나무가 나를 때렸어요."
여자가 집 밖으로 뛰어 나가 쇠삽으로 덤불을 때리며 말했다.
"너희들이 감히 어떻게 내 남편을 때리니?"
덤불들이 말했다.
"우린 아무짓도 안했어요."
그는 아버지와 어머니를 생각하며 울었던 것이다.[81)]

러시아화된 추반치 여자 마리 알린이 들려준 이야기,
아나디르강 유역 모르코바 마을, 1905년 12월.

81) 이 이야기는 미완으로 남겨졌다. 이야기꾼이 그 이상은 알지 못했다. 비슷한 에피소드를 가진 이야기들이 콜리마 강 유역과 태평양 인근의 축치족들에게서도 수집되었다.

3. 산토끼 이야기[82)]

산토끼가 살았다. 그는 아내와 함께 살고 있었다. 그들에게는 아이가 없었다. 산토끼가 아내에게 말했다.

"부인! 살인자(Man-Slayer)가 무엇을 하고 있는지 가보고 올게요."

그는 순록을 썰매에 매고 출발했다. 잠시 후 큰 순록떼가 보였다. 그것은 살인자의 것이었다. 살인자는 집 근처에서 썰매 만드는 일을 하고 있었다. 산토끼가 가서 물었다.

"안녕하세요, 살인자님."

살인자가 대답했다.

"난 잘 지낸다. 집에 들어가서 내 아내에게 너를 죽여서 너의 고기로 요리하라고 말해라. 그러면 내가 그것을 먹으러 들어가겠다."

토끼가 말했다.

"입구를 찾을 수가 없어요."

살인자가 화가 나서 그를 겨냥해 손도끼를 던졌다. 산토끼는 무서워서 집으로 달려 들어갔다.

•••

토끼가 주위를 둘러보았다. 거기에는 현관이 없고 위쪽에 환기구멍만 있었다. 그는 위로 뛰어올랐지만 환기구멍에 닿지 않고 땅으로 떨어졌다. 살인자의 아내가 아이들을 불렀다.

"예들아, 여기 토끼가 있다. 내 칼을 가져와라."

토기는 무서워서 말했다.

"할머니, 나를 그렇게 빨리 죽이지 마세요. 나를 긴 줄에 묶어놓는

---

82) 이 이야기는 아나디르강 축치족에서 수집된 앞의 이야기와 거의 같다.

게 더 나아요. 난 너무 살이 쪘어요. 내가 주변을 뛰어다닐게요. 그러면 내 고기가 더 맛있어 질거예요."

늙은 여자는 그렇게 했다. 산토끼를 긴 줄에 묶었다. 그동안 그녀는 솥을 준비했다. 산토끼는 힘을 모아서 다시 환기구멍을 향해 위로 뛰어올랐다. 그러나 이번에도 환기구멍에 닿지 못했다. 그러자 그가 말했다.

"할머니! 이 집에 접시가 얼마나 있어요?"

그녀가 말했다.

"접시가 세 개 있다."

산토끼가 말했다.

"저런, 내 고기는 세 접시에 담기에는 너무 많을거예요."

산토끼가 또 뛰어올랐지만 환기구멍에 닿지 못했다. 그가 말했다.

"할머니! 접시가 몇 개 있어요?"

그녀가 말했다.

"네 개 있다."

"저런, 내 고기는 네 접시에는 너무 많을거예요."

그리고 또 다시 환기구멍을 똑바로 향해 다시 뛰어올랐다. 줄을 이로 물어 끊고 달아났다.

늙은 여자가 그것을 보고 소리쳤다.

"이봐요, 영감! 산토끼를 잡아요!"

늙은 남자가 산토끼를 쫓아가 잡아서 죽이려고 했다. 산토끼가 말했다.

"오, 할아버지. 날 그렇게 빨리 죽이지 마세요. 먼저 태양에게 작별인사를 하고 싶어요. 그런 다음 할아버지를 위해서 뭔가를 달라고 부탁할게요. 그동안 할아버지는 손도끼를 갈고 계세요."

•••

살인자가 손도끼를 갈기 시작했다. 산토기가 그에게 말했다.

"지금 몇 월이에요?"

살인자가 말했다.

"몰라. 네가 알면 말해봐."

산토끼가 말했다.

"야생 거위가 여기에 다시 오고 있으면 야생 거위의 달이에요."

"그래?"

"예. 그래요. 저기 좀 보세요. 야생 거위 몇 마리가 저기 높이 지나가고 있어요."

"거위들이 어디 있어?"

"여기, 바로 위에요."

살인자가 머리를 들었다. 산토끼가 그의 손도끼를 낚아채서 그의 목을 쳤다. 살인자가 쓰러졌다. 산토끼는 그의 시체를 여러 조각내서 큰 가방에 넣었다. 그리고 집 지붕에 올라가 가방을 환기구멍으로 떨어뜨렸다.

"이봐, 할멈! 이 산토끼를 요리해."

살인자의 아내가 기뻐하며 고기를 손질하기 시작했다. 아이들이 팔짝팔짝뛰며 말했다. 한 아이가 말했다.

"나에게는 간을 줘요."

다른 아이가 말했다.

"난 신장을 줘요."

그녀는 조각들을 나눠주었다. 그러나 한 아이가 냄새를 맡자마자 그것을 던져버렸다.

•••

어머니는 화가 나서 물었다.

"왜 고기를 버렸니?"

그들이 말했다.

"이 고기에서 우리 아버지 냄새가 나요."

그녀가 고기 냄새를 맡아보고는 큰소리를 지르며 밖으로 달려나왔다. 그러나 산토끼는 가버렸다. 그녀는 뒤쫓아갔다. 산토끼가 그녀를 보고 숨을 굴을 찾았다. 없었다. 그때 낙엽송 꼭대기에 독수리 둥지가 보였다. 아래위가 달린 여자옷을 입은 독수리 여인이 둥지에서 땅으로 내려와 나무 접시를 만들려고 했다. 산토끼가 그녀에게 와서 애원했다.

"독수리야! 넓은 바지 속에 나를 좀 숨겨줘."

독수리는 옷을 벗어서 그 안에 산토끼를 숨겨서 땅 위에 놓았다. 그리고 그 위에 접시를 놓고 접시 위에 앉았다. 살인자 여인이 왔다.

"갈매기야! 내 산토끼를 못봤니?"

갈매기가 말했다.

"봤어요. 그가 지나서 하늘로 올라갔어요."

"이런! 어쩌지. 이제 어떻게 그를 찾지?"

독수리가 말했다.

"내 등에 타세요. 내가 하늘에 데려다 줄게요. 그럼 산토끼를 잡을 수 있을거예요."

"오, 빨리! 나를 태워 줘."

독수리는 등을 내밀어 살인자 여인을 태웠다. 독수리는 위로 날아올라가서 살인자 여인에게 말했다.

"이제 밑을 보고 땅이 얼마나 멀리 있는지 말해줘요."

살인자 여인이 말했다.

"땅이 시야에서 사라지고 있어."

독수리가 말했다.

"이제 꽉 잡아요. 방향을 조금 틀거예요."

그녀는 등을 아래로 돌렸다. 살인자 여인은 잡고 있던 손을 놓치고 머리를 땅쪽으로 해서 아래로 떨어져 독수리 둥지 옆에 떨어졌다. 그녀의 머리와 전신이 땅속으로 들어갔다. 산토끼가 숨어있던 장소에서 뛰어나와 돌망치로 늙은 여자의 발뒤꿈치를 내리쳤다. 그리고 독수리에게 말했다.

"잘했다, 친구야. 이제 이것들은 우리 순록을 매어 둘 좋은 말뚝이 될거야." 끝.

러시아화된 유카기르 여자 마리 차힌의 이야기를
코사크인 이노센트 베레스킨이 기록한 것,
콜리마 강 하류 포크홋스크 마을, 1895년.

4. 까마귀와 암여우[83)]

까마귀가 여우 여인과 결혼했다. 그들은 먹을 것이 아무 것도 없었다. 까마귀가 말했다.

"지금 내가 바다의 정령에게 가봐야겠어."

그의 아내가 웃었다.

"당신이 어떻게 그를 찾아요?"

"찾을거야. 난 바다를 알아."

까마귀는 길을 떠나 바다 한가운데에 왔다. 그는 얼음 위에 앉아 얼음 아래 물 밑에 큰 집이 있는 것을 보았다. 이것은 바다 정령의 집이었다. 그는 외투를 벗고 집으로 들어갔다. 집주인이 그를 아주 기쁘게 맞이했다.

"왔느냐? 너는 누구인가?"

"나는 까마귀입니다."

"그런데 너의 외투는 어디에 있느냐?"

"밖에, 집 옆에 두고 왔어요."

"이리 가져와라."

까마귀는 외투를 가져왔다. 바다 정령이 그것을 입고 물었다.

"이 코트가 나한테 잘 어울리느냐?"

"오, 정말 그러네요. 그것을 계속 입고 있어요."

"아니다."

바다 정령이 외투를 벗어 까마귀에게 돌려주었다.

"무슨 문제가 있는지 이제 말해 봐라."

"우리, 나와 내 아내는 먹을 것이 없어요. 뭘 좀 주세요."

"알았다. 집에 가거라."

---

83) 이 이야기는 저자의 Chukchee Materials, 128쪽에 실린 콜리마 축치족에게서 수집된 이야기와 유사하다.

까마귀는 아내에게 돌아왔다. 집이 고리무늬물범과 점박이물범들로 가득찼다. 바다에 사는 온갖 종류의 물고기도 많았다. 까마귀의 아내가 깜짝놀랐다.

"이 많은 게 어디서 났어요?"

"놀라지 마. 바다의 정령이 이 모든 것을 나에게 주었어."

"오, 바다 정령이라니! 당신 정말 그를 봤어요?"

"바다 한가운데서 그를 봤어. 그는 물 밑에 있는 집에 살아."

여우가 매우 화가 났다.

"바보같으니! 당신은 너무 조금 청했어요. 나는 더 많이 얻어올거예요."

"하지만 당신은 예절에 맞게 행동하지 않을거야."

"아니에요. 나는 꽤 똑똑해요."

•••

여우가 바다 한가운데로 달려가서 바다 정령의 집을 보았다. 그녀는 외투를 벗고 집으로 들어갔다. 바다 정령이 그녀를 반갑게 맞이했다.

"오, 손님이군. 너는 누구냐?"

"나는 여우 여인입니다."

"그런데 너의 외투는 어디있느냐?"

"밖에, 집 밖에 두고왔어요."

"이리 가져와라."

그녀를 그것을 가져왔다. 바다의 정령이 그것을 입고 물었다.

"이 코트가 나에게 잘 어울리느냐?"

여우가 큰 소리로 비웃었다. 바다의 정령은 매우 화가 났다. 그는 여우를 밖으로 밀어냈다. 그리고 바다 위의 모든 얼음을 깨버렸다. 여우는 거의 빠져죽을 뻔했다. 완전히 녹초가 되어 해안에 왔다. 그녀가 남편에게 가자 까마귀는 매우 화가 났다. 그가 말했다.

"내가 말했잖아. 이제 모든 것이 사라졌어. 우리는 먹을 것이 아무것도 없어."

그들은 전보다 더 배고파졌다. 까마귀가 한번 더 바다 한복판으로 가서 바다 정령을 찾았다. 이때 바다 정령은 너무 화가 나서 그와 얘기도 하지 않으려 했다. 까마귀가 입구 옆에 서서 말했다.

"제가 왔어요."

"무엇을 원하느냐?"

까마귀가 아주 슬프게 말했다.

"오, 바다 정령님! 당신이 나에게 준 모든 것을 잃어버려서 우린 배고픔으로 고통받고 있어요. 작은 것이라도 좀 주세요."

바다 정령은 크게 웃고 마음이 누그러졌다.

"너희들이 괴롭다고! 그런데 너의 코트는 어디 있느냐?"

"밖에, 집 옆에 있어요."

"그것을 여기 가져와라."

까마귀가 외투를 가져오자 바다 정령이 그것을 입었다.

"이 외투가 나에게 잘 어울리느냐?"

"예, 아주 잘 어울려요. 계속 입고 계세요."

"그러겠다."

그는 외투를 가졌다. 그리고 물었다.

"너는 나에게서 무엇을 원하느냐?"

"나는 순록떼와 산양떼를 원해요."

"집에 가거라. 너는 그것들을 모두 가지게 될 것이다."

•••

까마귀가 집에 와서 집 옆에 많은 목동들과 함께 있는 큰 순록떼를 보았다. 그들이 그에게 인사하며 말했다.

"오셨어요, 주인님!"

"난 절대로 당신들의 주인이 아니에요. 그러기에는 난 너무 가난해요."

"하지만 바다 정령이 이 가축떼들과 목동들을 당신에게 보냈어요."

"좋아요."

그들, 외투 없는 까마귀와 물에 빠져 죽을뻔한 여우는 거기에서 살았다. 그들은 최고급 고기를 먹었고 아주 부자가 되었다. 여우는 아이를 둘 낳았다. 아들 하나와 딸 하나였다. 그들은 아주 행복하게 살다가 죽었다. 끝.

러시아화된 유카기르인 피터 콜킨에 의해 기록된 것,
콜리마 하류 포크홋스크 마을, 1895년.

5. 태양과 결혼한 소년

해양 축치족 마을에 한 남자가 살았다. 그는 장성한 일곱 아들이 있었다. 그들은 배를 타고 돌아다니며 고래와 바다코끼리를 사냥했다. 어느날 그들이 바다에 나갔다가 집처럼 생긴 큰 가파른 절벽을 보았다. 그순간 배가 뒤집혀 바다에 빠져죽었다. 그들의 어머니는 매우 가난해졌고 아직 어린 막내 아들과 함께 살았다. 그 소년이 먹을 것을 달라며 계속 울었다. 어머니는 바닷가에서 작은 조개와 해초를 따서 아들에게 먹였다. 그러나 아들은 계속 울며 평소대로 고래 껍질과 바다코끼리 지방을 달라고 졸랐다. 어머니가 소리를 지르며 말했다.

"우리가 어디서 그들을 찾니? 너의 아버지는 죽었어. 너희 형들도 다 죽었어."

그가 말했다.

"그럼 제가 가서 그들을 찾아올게요."

"네가 어떻게 그들을 찾을 수 있니? 그들은 모두 바다에 빠져죽었어."

• • •

소년은 어머니 몰래 집을 떠나 해안을 따라 걸어갔다. 마침내 절벽 집에 왔다. 거기 들어가니 그의 아버지와 일곱 형들이 거기에 앉아 있는 것이 보였다. 아버지가 눈물을 흘리며 말했다.

"넌 왜 왔니? 우리는 물에 빠져 죽었어."

절벽 정령도 거기 있었다. 그는 매우 화가 났다.

"넌 왜 여기에 왔느냐?"

절벽 정령은 소년을 거의 죽도록 호되게 때렸다. 아버지가 소년을 일으켜 집 밖으로 데리고 나갔다. 소년에게 작은 뿌리 세 개를 주며 말했다.

"집에 도착하면 이 뿌리를 저장고에 하나씩 넣어라. 그리고 아침에 너의 어머니에게 저장고를 들여다 보라고 해라."

소년은 집에 갔다. 그는 제일 먼저 저장고로 가서 저장고마다 아버지가 준 뿌리를 하나씩 넣었다. 그리고 어머니에게 갔다.

어머니가 눈물을 흘리며 말했다.

"너 어디 있었니? 누가 널 이렇게 심하게 때렸니?"

"아버지와 일곱 형을 봤어요."

"그런 말 마라. 너의 아버지와 형들은 오래 전에 죽었어."

그녀는 울면서 잠이 들었다. 아침에 소년이 그녀를 깨워 말했다.

"어머니! 가서 저장고 세 곳을 열어보세요. 그리고 거기에서 음식을 좀 가져오세요."

어머니가 생각했다.

"뭘 가져와? 아무것도 없는데."

그럼에도 불구하고 그녀는 저장고로 가서 그것들을 열어보았다. 모든 저장고가 식량으로 가득했다. 고래 껍질, 흰고래 지방, 바다코끼리 고기, 그리고 그녀의 남편과 일곱 아들이 살아있을 때 있었던 모든 것들이 있었다. 소년이 말했다.

"어머니, 이제 우리는 음식이 많아요. 그러니 저는 신붓감을 찾으러 갈게요."

"얘야, 네가 어디서 신붓감을 찾을거니?"

"찾을거예요."

그는 한밤중에 일어나 옷을 입고 장화를 신고 떠났다. 그는 하늘을 바라보았다. 두 남자가 그를 향해 곧바로 내려오고 있는 것이 보였다.

"어디가니? 뭘 원하니?"

"나는 신붓감을 찾으러 가요."

"그렇구나. 그럼 우리 순록을 타고 우리가 온 자국을 따라가라. 우리가 내려온 길로 올라가라."

그는 썰매에 앉아 달빛을 향해 썰매를 몰았다. 그는 무척 무서웠지만 앞으로 똑바로 썰매를 몰아 하늘에 갔다. 하늘은 단단한 땅처럼 보였다. 다만 아주 하얗게 빛나고 있었다. 그는 날아가는 까마귀를 보았다.

"너는 여기에서 뭘 원하니? 오, 알겠다. 잠깐만 있어. 내가 말해줄게. 가는 길에 순록치는 사람들의 마을이 보일거야. 거기에서 멈추지 마. 그다음에 또 다른 마을이 보일거야. 거기에서도 멈추지 마. 세 번째 마을도 지나쳐. 그 다음에 금처럼 빛나는 큰 집이 보일거야. 그건 태양의 집이야. 그의 딸이 많이 아파. 거의 죽어가고 있어. 그녀를 도울 방법을 아무도 몰라. 태양이 너를 아주 기쁘게 맞아줄 거야. 그가 '오, 하층 세상에서 온 사람이구나! 내 딸을 도와줄 수 있니? 보답은 충분히 하겠다.'고 할거야. 그러면 '보답은 바라지 않지만, 당신의 딸을 내 신붓감으로 주면 도울게요.'라고 해. 태양이 '그 애는 죽어가고 있어. 그 애를 살려서 이 낯선 자와 결혼시키는게 더 나을거야.'라고 생각할거야. 그래서 그는 너의 제안에 동의할거야. 그와 동시에 내가 지붕 위에 올라가 앉을게. 너는 방에 들어가서 창문 밖으로 지붕을 봐. 내가 부리를 벌리고 숨을 세 번 들이쉴거야. 그럼 너도 똑같이 해. 긴 숨을 세 번 쉬고, 공기를 소녀에게 닿게 해. 그러면 그녀가 회복될 거야."

•••

젊은 남자가 그 집에 갔다. 너무 눈이 부셔서 정신이 멍해져 뒤로 넘어졌다. 태양이 그를 땅에서 일으키며 말했다.

"무서워하지 마라. 네가 하층 세상에서 왔으니 아픈 내딸을 도와다오. 내가 충분히 보답할게."

소년이 대답했다.

"전 보답을 바라지 않아요. 차라리 당신의 딸을 나와 결혼시키겠다고 약속해주세요."

태양이 생각했다.

'그 애가 죽는 것 보단 낫지.'

그래서 그는 약속했다. 젊은 남자는 창문 밖을 보았다. 까마귀가 지붕 위에 앉아있었다. 까마귀는 부리를 벌리고 숨을 세 번 들이마셨다. 그도 숨을 세 번 들이마셨다. 공기가 소녀에게 닿았다. 그러자 그녀가 회복되었다. 그녀는 깊은 잠에서 깬듯이 보였다. 그녀는 고기와 마실 것을 달라고 했고, 그것들을 그녀에게 갖다 주었다. 그 후에 태양은 그녀를 방문객과 결혼시켰다. 며칠이 지나 장인이 말했다.

"자네는 자네의 나라가 있네. 자네 어머니에게 가게."

태양이 또 말했다.

"도중에 자네는 큰 순록떼를 가진 마을 세 개를 지나게 될거야. 그들에게 자네를 따르라고 말하게. 내가 그들을 자네에게 주겠네."

그는 마을로 가서 시킨대로 말했다. 그들이 대답했다.

"알겠습니다."

그리고 그가 돌아보니 순록과 목동의 수가 너무 많아서 마치 땅 전체가 움직이는 것처럼 보였다. 자정쯤에 그들이 그의 어머니에게 도착했다. 그녀는 너무 기뻤다. 아들의 아내가 집에 들어가서 말했다.

"오, 이 집은 너무 나빠요. 우리가 어떻게 이런 집에서 살 수 있겠어요?"

그녀의 남편이 말했다.

"어쩔 수 없어요. 이게 유일한 우리 집이에요."

그녀는 밖으로 나가 품에서 황금알을 꺼내서 개울에 던졌다. 거기에 큰 황금집이 생겼다. 여자가 말했다.

"자, 이것이 우리가 살기에 적당한 집이에요."

그들은 그 집에서 살았다. 어머니는 매우 놀라서 사흘만에 죽었다.

사방에서 가난한 사람들이 그들에게 오곤했다. 그들은 모든 사람을 위해 순록을 잡았다. 그렇게 그들은 풍족하게 살았고 수가 아주 많아졌다.[84)]

러시아화된 추반치 여자 마리 알린이 들려준 이야기,
아나디르 중류 모르코바 마을, 1901년.

84) 황금 집 에피소드는 축치 설화에 속하는 것이 아니다. 축치족에서 수집된 몇몇 이야기에도 유사한 에피소드가 있다.

러시아 추콧카반도 원주민
축치족 신화
한국외국어대학교 러시아연구소
HK 연구사업단 인문공간번역총서 01

초판 인쇄 2015년 3월 20일
초판 발행 2015년 3월 25일

지은이 김민수 · 김연수
발행인 김인철
발행처 한국외국어대학교 지식출판원
130-791 서울특별시 동대문구 이문로 107
전화 02)2173-2495~7
팩스 02)2173-3363
홈페이지 http://press.hufs.ac.kr
전자우편 press@hufs.ac.kr
출판등록 제6-6호(1969. 4. 30)
디자인 · 편집 (주)이환디앤비 02)2254-4301
인쇄 · 제본 네오프린텍(주) 02)718-3111

ISBN 978-89-7464-998-2 94920 정가 14,000원
ISBN 978-89-7464-999-9 (세트)

*잘못된 책은 교환하여 드립니다.

HUiNE은 한국외국어대학교 지식출판원의 어학도서, 사회과학도서, 지역학 도서 Sub Brand이다. 한국외대의 영문명인 HUFS, 현명한 국제전문가 양성(International+Intelligent)의 의미를 담고 있으며, 휴인(携引)의 뜻인 '이끌다, 끌고 나가다'라는 의미처럼 출판계를 이끄는 리더로서, 혁신의 이미지를 담고 있다.